敗北のない競技《レース》

僕の見たサイクルロードレース

土井雪広

東京書籍

敗北のない競技《レース》—もくじ

第1章

勝つということ

僕は、サイクルロードレースを仕事にしている。

日本ではマイナーだが、ヨーロッパではサッカーやテニスと並ぶ地位にあるこのスポーツは、ちょっと残酷な競技だ。200人近くが出走するのに、勝てるのは1人だけ。サッカーなら勝率は50%なのに、ロードレースじゃ0・5%しかない。200分の1。たった1勝もできずに引退していく選手すら珍しくない。

若い頃の僕はずっと、0・5%になろうとして走ってきた。そのためには残りの99・5%を蹴落とさなければいけない。そう思っていたし、実際、そう振る舞っていた。

日本のレースで勝つたびに、僕の敵は増えた。

けれど、このスポーツは僕に、別の価値観を示してくれた。それは、他人のために働くということ。僕がヨーロッパで走った8年間で得たものは、アシストの喜びだ。

30歳になり、日本のチームに戻ってきた僕は最近よく、昔の自分のことを考える――。

毎日6、7時間もの練習と、食事などの日常生活にも徹底した節制を求めるサイクルロードレースは、あまり楽な仕事じゃない。3%の体脂肪率で、雨の中200kmを走れば風邪をひくこともあるし、裸同然の薄いウェアだけを着て時速60kmで転べば、骨が砕ける。

僕は、人生の半分近くをそんな競技に費やしてきて、20代のほとんどをヨーロッパで過ごした。だから、普通の若い日本人の生活というものをまったく知らない。

僕は何を失って、何を得たのか――。

最近、ずっと考えている。

僕の「仕事」

8月のスペインはもの凄《すご》く暑い。気温は40℃を超えているはずだ。

僕は450wのパワー［1］でペダルを踏んでいた。速度は時速60km近い。全開。脚がちぎれそうだ。僕の周りには200人のレーサーたちがいて、小柄な僕を肘で弾き飛ばそうとする。

けれど、僕の後ろにはチームメイトたちのトレイン［2］がある。僕は彼らの風よけになって、皆の体力の消耗を防ぐ。それが僕たちアシストの仕事だ。そして、トレインの最後尾には絶対に勝てるエース、ジョン・デゲンコルブ［3］がいる。最高のタイミングで、彼を限界まで加速したトレインから解き放つ。その瞬間、彼は1500w近いパワーでゴールに向かって突進《スプリント》する。

「右！　もっと右だ！」。後ろから僕に指示が飛ぶ。聞きなれたジョンの声。指示通りにラインを修正し、前に上がっていく。

チームメイトたちとジョンをプロトン［4］の先頭に引き上げた時、限界が来た。トレインの先頭をチームメイトに譲り、踏むのをやめる。やがて僕は、歓声と共に聞こえる無線で、ジョンがまた勝ったことを知った。攣《つ》った脚をなだめつつ、ガッツポーズをする。

僕たちの勝利だ。

僕は負けず嫌いだけれど、エース気質の選手じゃない。

エースになるような選手は、生まれつき特別なものを持っている。ジョンみたいな爆発的なスプリント力、重力をものともしないヒルクライムの能力、超高速を維持するTT（タイムトライアル）の力……。

世界レベルで見た時に、僕の持っている力は、どれをとっても超一流とは言い難い。中の上。今の僕は、自分が特別なエースになれないことは知っている。

でも、プロトンのほとんどの選手は、僕と同じだ。エースの風よけとなり、エースに飲み物や食べ物を運び、時にはエースに自分の機材を差し出すこともある「アシスト」。そして幸運なことに、今の僕はアシストという仕事が好きだ。戦略を立てて、その通りにレースを動かす。

狙い通りにいっても、勝つのは僕ではなくエースだ。でも、エースの勝利は僕の勝利でもある。今の僕は、計画を立てて人の背中を押すことに喜びを感じる。

しかし、僕がその楽しみを知るまでには、長い時間がかかった――。

［1］近年、プロのバイクにはパワーを測定できる機器が装着される場合が多い。1馬力が735wほど。

［2］列車状にレーサーたちが連なる様子を指す。小さいパワーで走る自転車は空気抵抗が大敵になるため、チームメイト同士でトレインを形成し、体力を温存する。

［3］1989年〜。ドイツのレーサー。ジャイアント・シマノ所属。

［4］密集して走る選手たちの集団のこと。

勝つということ

今から40年くらい前、大手自動車メーカーに勤めていた若者が、いきなり会社を辞めてヨーロッパに旅に出た。今でいうバックパッカーだ。3年間ほどあちこちをうろつきつつロンドンまで来たら、金がなくなった。帰りの飛行機代をアルバイトで稼ぐまでにはけっこうかかったらしい。

このマンガみたいな人は体を動かすことが好きで、自動車のラリーやスキーを趣味にしていた。ある時、彼はスキーのために訪れた蔵王のペンションで、ひとりの女性と出会う。その後2人は結婚し、山形県の山形市に住んだ。

やがて子供が2人生まれた。それが、兄と僕。物心ついた時、「おとん」はトラックの運転手で「おかん」は専業主婦。僕はこの家庭で、悪ガキとして育った。

小学生のある夏、近所にコンビニができた。僕は仲間とロケット花火をひとつずつ買って、河原で撃ち合いをやった。ところが、それを見ていた人がいて、学校に連絡したらしい。僕たちは捕まって、学校に連行された。

教室で正座をさせられる僕たちの所にやってきたおかんに、僕はぶっとばされた。いたずらの代償はいつもこれだ。でも、僕はすぐにまた、新しいいたずらを計画した。

僕は赤いBMXを持っていた。小学校の入学祝いに買ってもらったものだ。僕が住んでいた山形市には、小学校の低学年は自転車で公道を走れないという決まりがあったから、公園でBMXを乗り回すのが好きだった。

三年生の時、いたずらばかりする僕に手を焼いたのかはわからないけれど、おとんがMTBをくれた。新車じゃなくって、おとんとおかんが乗っていたやつだ。僕は、本当はフラッシャーがついて、自動車みたいな変速レバーがあるデコチャリに憧れていたんだけれど……。

そのMTBで地元のレースに出たのがはじめての自転車レースだった。2位だったことをはっきりと覚えている。その頃にはスキーのレースにも

出ていたので「順位を競う」という概念はあった。

サイクリングは面白くなかったけれど、レースは楽しかった。ただ、当時はまだスキーの試合のほうが多かった。

種目はアルペンスキー。2回滑って、その合計タイムの短さを競う。勝負はコンマ数秒で決まるので、1本目で数秒遅れたら、もう絶望的。勝負をかける時の集中力はスキーで養った。

スキーが教えてくれたことは他にもある。勝負の楽しさと、怖さだ。

小学校中学年・高学年では年間15戦くらい出場して、そのうち負けるのは1、2戦くらい。勝ちまくっていた。ただ、表彰台に乗るのは気持ちよかったけれど、プレッシャーに怯《おび》えることはあったし、調子が悪い時もあった。シビアな勝負の世界があるということを、僕はスキーから学んだ。

けれど、僕に一番影響を与えたのは、やっぱり、おとんとおかんのふたりだ。おとんは僕に、勝負をするなら勝たなきゃいけないと教えた。そしておかんは、僕が勝つと大喜びしてくれた。だから僕は常に勝ちにいったし、勝ちまくった。

おとんとおかん

ラリーやモトクロスをやっていたおとんは、いつも僕に「勝負事は勝たないといけない」と言い聞かせてきた。もっと速く走れ、あいつを抜け、そうすれば勝てる……。小学生の頃には、レースは勝つために出る、という前提が僕の中にできあがっていた。そのプレッシャーは、表彰台に立つことではじめて報われる。僕は闘争心の塊みたいな子供だった。ただ、その割に、僕が勝ってもおとんはあまり感情を出さない人だった。代わりというわけじゃないだろうけれど、大喜びするのが、おかん。

それは今でも変わらない。僕がはじめて全日本選手権を勝ってナショナルチャンピオンになったのは、29歳の時。ゴールラインを切った僕は、まずはおとんとハイタッチ。おかんはひたすらに泣いて喜んでいた。僕がブエルタ・ア・エスパーニャ［5］で集団の先頭を引くのがテレビに映った日も、おかんの機嫌がいい様子がメールから伝わってきた。

おかんは僕が勝つと、全身で喜んでくれた。小学生にとってこれほど嬉しいことはない。だから僕は常に全力で勝ちにいった。体育の授業のバスケットボールも、休み時間のサッカーも。勝負するからには勝たなければいけなかった。もちろん勝てないこともあったけれど、そんな時は本当に悔しかった。

勝負するならば勝たなきゃいけないし、勝つために常に全力。そういう少年時代だった。

［5］　毎年8月後半から9月にかけてスペインで行われるレース。フランスのツール・ド・フランス、イタリアのジロ・デ・イタリアと並び、グランツールと称され、世界を代表するレース。

ロードレーサーへ

小学生の頃の夢は、プロのスキーヤーだった。自転車よりもアルペンスキーのレースのほうが多かったこともある。

ロードバイク［6］に出会ったのは小学校5年生の時。やっぱりスキーをやっていた年上のいとこから、オフシーズンのトレーニングに乗っていたロードバイクを譲ってもらった。早速レースに出た。今も山形県でやっている「クリテリウム［7］新庄大会」の小学生部門。雨が降っていた。結果は優勝。これがはじめてのロードレースで、はじめての勝利だった。当然ドラフティング［8］なんていう知識はなかったので、ひたすら独走しただけ。ロードバイクとMTBの違いもよくわかっていなかったかもしれない。舗装路を速く走れる自転車、というイメージだった。

進学した中学校では、卓球部に入った。動体視力を鍛える、という大義名分があったけれど、ほどほどにサボれる、というのも重要なポイントだ。

もちろん、勝負である以上、試合では全力だ。団体戦で県大会まで行った。顧問の先生に、本格的に卓球をやるよう口説かれたけれど、僕はスキーヤーになりたかった。

ところが、気合を入れて迎えた中学一年生のアルペンスキー県予選。僕はまさかの予選落ちを喫することになる。体の成長に筋肉が追いつかなかった。ショックは大きかったが、ふと、自分は自転車の人間なんじゃないかと思った。

そして中一の冬、僕はスキーをやめた。

山形でも、スキーができるのは冬だけだ。それ以外の季節、つまりスキーにとってのオフシーズンは、ロードバイクでの練習が生活の中心になった。出るレースも増えていった。

部活がない（またはサボった）平日は、帰ったらすぐに着替えて、おにぎり1個くらいをつまんだらロードバイクにまたがる。当時の山形にサイクリストなんていなかったから、ただひたすら、暗くなるまでひとりで走る。補給食は持っていかなかったから、途中で腹ぺこになった。ハンガーノック［9］になったことも随分ある。あんまり帰りが遅いので、心配したおかんが迎えに来たこともあった。

はじめは「練習」という意識はあまりなく、ただ走っていただけだけれど、そのうちに走らなければレースで辛くなるということがわかってきた。逆に言えば、練習すれば強くなる。そういう感覚が芽生えてきた。

週末は、おとんと一緒に朝から走る。途中にスプリントポイント[10]みたいなものを設定して、そこまで競争したり。もっとも、昼には家に帰って、中学生らしく友達と遊びに行ったりもしていたけれど。

練習して、強くなって、レースに勝つ。そんな生活がはじまった。

こうして僕はロードレーサーになった。

勉強？　勉強は勝負のしかたがよくわからなかった。だから、トレーニングはしなかったかな。

[6] 舗装路を高速で走ることに特化した自転車。軽い車体と細いタイヤが特徴。サイクルロードレースでは、基本的にロードバイクが使われる。
[7] 街中に作られた周回コースを何度も周回するレース。
[8] 前の選手にぴったりと付き、風よけにすること。
[9] 長時間の運動により、低血糖状態に陥ること。極端にパフォーマンスが低下する。選手たちは走りながら補給食を摂ることでハンガーノックを防ぐ。
[10] コース上に設定される、ゴールではないが上位通過した選手にポイントが配分される場所のこと。

アスリートの高校生

高校は、山形電波工業高等学校。田圃《たんぼ》のなかにぽつんとある高校だけれど、その頃の山形ではダントツに自転車が強かった。僕はここにスポーツ推薦で入学した。

プロのロードレースの世界を知ったのも、この頃。ミゲル・インデュライン［11］の時代が終わり、ランス・アームストロング［12］のツール・ド・フランス「7連覇」がはじまっていた。もちろん、憧れた。でも、すぐにヨーロッパに行こう、と思ったわけじゃない。もしそうならわかりやすいストーリーだけれど、リアルじゃない。現実はもっと複雑だ。

僕は昔から、ゆっくりと動くタイプだ。トロいということじゃなくって、準備に時間をかける。プロになるまで、ヨーロッパに行くまで、ブエルタに出るまで、僕はたくさんの準備を重ねた。僕は新しく頭に入ってきた「本場ヨーロッパ」を意識しつつ、下調べをはじめる。

高校生までは走ったレースのほとんどを勝てたけれど、大人と走る機会が増えたこともあって、今までのようにはいかなくなった。「今の段階では勝てない」という感覚はこの頃覚えた。勝つためのプロセスをひとつひとつこなした先に、ようやく勝利がある。

僕はますます用意周到になっていった。

部活はもちろん自転車部。3時くらいに授業が終わると、すぐに着替えて練習。平日は90km。土日は午前・午後にそれぞれ100km。テスト期間中も50kmは走った。月あたりの走行距離は2500km前後が普通だった。それに加えて、ウェイトトレーニングも。アスリートとしての生活は、高校時代にはじまったと言っていい。

アスリートは囚人みたいなものだ。すべてにおいて制約だらけ。月2500kmも走る高校生の生活が、普通の高校生活と違うことははっきりしている。

練習を終えて家に帰る頃には夜の10時を回っていた。風呂に入ったら、晩御飯をかっこむ。食事を作っていたのはおかんだけれど、揚げ物やレトルト食品が食卓に上がることはまずなかった。意識はしなかったけれど、栄養管理をしてくれていたんだと思う。食べた後は布団に倒れ込み、気が付いたら朝だ。

遠征で学校を休むと公欠扱いになった。3年生の時なんか、たぶん3カ月くらいしか学校に行っていない。でも単位は問題なかった。テストもろくに書けたことがないのに、色々と優遇されていたのかもしれない。

アルバイトをする同級生がうらやましかったけれど、僕はバイト先に着ていく私服があるかどうかすら怪しかった。僕は高校時代、私服を着た記憶がほとんどない。もちろん、アルバイトをする時間もなかったけれど。

そんな生活が続いた。

ある日、僕は急に自転車が嫌になった。普通の高校生みたいに、ファミレスでおしゃべりしたり、カラオケに行ったりしたくなった。僕はその時まで、カラオケに行ったことがなかった。

僕は保健室に向かった。保健室には水銀式の体温計がある。学校には、37・5℃以上の熱がある場合は休んで良いという決まりがあった。僕は必死に体温計をこすり……学校を早退した。

同じように学校を抜け出した友人と、カラオケに行くことになっていた。彼は、待ち合わせ場所に彼女を呼び出していた（僕にはそんな人はいなかった）。3人で自転車に乗って、どうでもいい話をしながら田圃の中を町に向かって走る。今頃、他の部員たちは練習をしているはずだ。解放感と一緒になったあの風景を、今も忘れることができない。最近、この2人が結婚したという知らせを受け取った僕は、すぐにあの時の田圃を思い出した。

喉がかれるまで歌った僕は満足して、次の日はいつものように自転車に乗っていた。

あれから15年、僕はずっとアスリートだ。

［11］1964年〜。スペインの元レーサー。1991年から1995年までツールを5連覇。他に、ジロで2回総合優勝など活躍した。

［12］1971年〜。アメリカの元レーサー。現役時代の1996年、肺や脳まで転移した深刻な精巣癌に侵されるが克服。その後、史上初めてツールを7連覇した。後にドーピングにより、ツール7連覇を含む1998年以降の成績はすべて抹消される。2013年、過去のドーピングを告白。

フミ

別府史之《ふみゆき》［13］、フミをはじめて知ったのは中学生の頃。

自分以外にも速い奴がいる。お互いを意識するようになった。高校時代のレースでは、すぐに僕とフミ以外の選手が消えて2人だけになることが多かったから、自然としゃべるようになった。

高校2年生の時の最大の目標はジュニアの全日本選手権だったけれど、その頃にはもう、フミだけを見ていた。たぶん彼も同じだったんじゃないかな？　レースの終盤では、いつも僕とフミの2人だけだった。

いいライバルだったし、いまもたまに飲みに行く。だけど、将来の夢やトレーニング方法を語り合ったことはない。お互いの性格のせいかな。僕はなんでも1人で決めちゃう性格だし、フミはあんまり手の内を明かさない男だ。僕が「最近は毎日90km走ってるけど、フミは?」って聞いても、「まあ、乗ってるよ」くらいの答えで、はっきりしない。

でも、お互いを意識しまくっていたのは間違いない。お前が右に行くなら、俺は左、みたいな雰囲気があった。フミが高校卒業後にブリヂストン・アンカーに入ることを知って、それならば自分は大学に行ってやろう、という気持ちになったのも大学進学の理由のひとつだ。

15年経っても僕らは全然変わっていない。

フミは相変わらず負けず嫌いで、僕よりスプリント[14]が強くて、いい奴だ。

[13] 別府史之(1983年〜)。日本出身のレーサー。トレックファクトリーレーシング所属。新城幸也と並び、2009年に日本人初のツール・ド・フランス完走を果たした

[14] ゴール前でごく短時間、全力疾走すること。スプリントの能力には、生まれ持った素質が大きく影響するといわれる。

全日本選手権ジュニア

3月の全国高校選抜大会では、フミが1位で僕が2位。スプリントでフミに勝つのは難しかったけれど、全日本選手権は、何が何でも勝ちたかった。

その年の全日本の舞台は広島の中央森林公園。いつものように、しばらく走ったら僕とフミの2人になった。無言だったと思う。全日本は、僕もフミも絶対に欲しいタイトルだ。

ゴールが見えた時、僕はタイミングを外して不意にスプリントを開始した。先行する僕のスリップ[15]にフミが入っているのがわかったが、僕は全力でもがきつづけた。そして、最初にゴールラインを切ったのは僕だった。

ゴールの向こうにいたおとんとハイタッチをし

た。おかんは泣いていた。こういう時、おかんはいつも泣く。でも僕は、自分が勝ったことの嬉しさばかりでおかんに気持ちが向かなかった。食事の管理から、レースの準備までをやってくれたおかんにお礼はできなかった。

ちょっと申し訳ない気持ちもある。

その12年後、大人の全日本選手権で勝って正真正銘の日本一になれた時も、やっぱりおかんは泣いてしまった。でも、その時の僕はもう17歳の少年ではなかった。僕は泣きやまないおかんの首にメダルを掛けた。

たぶん、成長するというのはこういうことだ。

単に強くなるだけじゃない。

［15］スリップストリームのこと。先行する選手の後ろに入ることで、空気抵抗を大幅に減らせる。

世界のかけら

2000年のツール・ド・ラビティビ［16］がはじめての海外のレースだった。カナダのステージレース。僕は高校2年生。日本代表選手団に選ばれ、カナダに渡った。フミもいた。結果を残したい、くらいのことは言っていたかもしれない。海外に行ける喜びは大きかったけれど、正直言って怯えていた。そして、その予感は当たっていた。

レースは衝撃的だった。凄まじい速さ。なぜ、こんなにもがくの？　どうしてこんなに密集して走るんだろう。

原付の10分の1程度の小さいパワーで走る自転車にとって、空気抵抗は大敵だ。だから、できるだけ前の選手との距離を近くして空気抵抗を減らす。それは日本の高校生にとっても常識だ。

でも、この選手間の距離は日本の常識じゃなかった。まるで満員電車じゃないか。隣の選手のハンドルが自分に当たる。

英語ができないから、周りの選手との会話はできない。そもそも、レースを理解していないから戦略もなかった。ただ走るだけだ。何をすればいいのか、どうすればいいのか、何もわからなかった。僕はひたすら、「ロードレース」に圧倒されていた。

時速40km、50kmと速度が上がっても、隣の選手との距離は開くどころか、むしろ縮まっている。何を考えているんだ。お互いぶつかり合いながら集団は流れていく。やがて、集団内に罵声《ばせい》が飛び交うようになる。僕は体が大きいほうではないし、筋肉もなかった。これじゃ、怖くて集団の真ん中では走れない。落車してしまう。

その通りになってしまった。第6ステージ。下りで隣の選手と絡まって落車。僕はケベック州の路面に転がって、うめきながら理解した。これが本場のロードレースなんだ。世界には、強い奴がごろごろいる……。

その時はまだ、ヨーロッパに行きたいというはっきりとした意思はなかった。「ツール・ド・フランスには出てみたい。でも、競輪選手もいいかな」。そのくらい。もちろん、自分がブエルタを走るなんて想像もしていなかった。


秋にはジュニアの世界選手権に参加した。やっぱり、僕とフミの2人。

個人タイムトライアル（ITT）で、僕とフミはほとんどビリだった。ウラディミール・グセフ［17］が2位に入っていたことは覚えている。ロードレースでも、後ろから数えたほうが早いような位置でゴールした。周りはもの凄いスピードだった。

僕もフミも、日本ではいつも1位か2位だった。それが、まったく歯が立たない。ホテルで「俺たち、こんなに遅かったの？」と話し合ったことを忘れられない。その頃のフミの中ではもう、ヨーロッパが目標になっていたはずだ。それだけに、ショックは僕以上に大きかったと思う。

高校3年生では、世界戦の前の夏、ベルギーでの強化合宿に参加する話が来た。およそ1カ月。ホームシックは覚悟して、「行きます」と即答した。フミも参加するような噂も聞こえてきた。こういう重要な話を、フミと直接することはあまりない。そういうライバル関係だった。

泊まったのは、アントワープのそばのホテルだった。面子は僕とフミ、他にU23の選手が2人いた。女子では、沖美穂[18]さんもいた。週2回くらいの頻度でレースに参加して、それ以外の日は慣れない右側通行のコースで練習する生活だ。

最初の1週間くらいは、フミも楽しそうにしていたと思う。僕も楽しかった。夏の終わりのアントワープは綺麗だったし、石畳を含む本場のレースを楽しんだ。

ベルギーのレースも速かった。雨の中、つるつるに滑るベルギー固有のレンガ道を周回する「クリテリウム」が最初のレースだ。何もできなかったけれど、体重が軽い自分とベルギーのレースとの相性が悪いことは何となくわかった。その後、ドイツのレースでフミが逃げ切り優勝し、僕が3位に入ったこともあったが、基本的にはぱっとしないレースばかりだった。やはり日本とは訳が違う。

合宿をはじめて10日くらい経った頃、テレビを見ていたら、ビルに飛行機が突っ込む映像が流れてきた。僕もフミも英語はわからなかったから「新しい映画かな?」なんて話していた。それがアメリカ同時多発テロだ。

そのせいというわけじゃないけれど、何となく心細さが出てきた。まだ高校生だ。インターネットはあったけれど、パソコンを持っていなかったので日本の情報は入ってこない。たまに、親に国際電話をかけるくらい。最初は美味しかったラザニアやポテト、ボロネーゼにも食傷気味になってくる。

「ポテトにも飽きてきたよね」と、フミがぽつりと言った。日本が恋しかった。でも、お互いに弱みを見せたくなかったから、強がっていた。フミがいたから最後までもったのかもしれない。

そのまま走った世界戦の順位は覚えていない。ビリではないけれど、上位でもなかった。ヨーロッパは、明確な目標にできるほど近くはなかった。

ただ、憧れの選手たちはいた。皆、超カッコ良かった。

[16] カナダで夏に開催されるステージレース。日本の若手選手も参加している。
[17] 1982年〜。ロシアのレーサー。CSC、ディスカバリーチャンネルなどのチームで活躍。2008年、ドーピングによって出場停止処分を受ける。チーム・カチューシャ所属。
[18] 1974年〜。日本の元女子レーサー。全日本選手権で11連覇を達成した。

「英雄」たち

その頃は、今中大介[19]さんはツールを走って、引退していた。そんな今中さんを「凄い」とは思っていたけれど、僕はツールを走るということがどれだけ凄いかを理解していなかった。

だから、ツールを目標にできたのかもしれない。

後にシマノで一緒になる、阿部良之[20]さん。阿部さんが日本人として唯一勝った97年のジャパンカップは、父と一緒に現場で観戦していた。その時の阿部さんの所属チームは、最強軍団のマペイGB。あのアンドレア・タフィ[21]と一緒に逃げているのを見て、違う次元にいる選手だと感じた。当時のマペイは、ヨハン・ムセウ、フランコ・バレリーニやパヴェル・トンコフといった超一流レーサーが揃った、とんでもないチームだった。若いフランク・ヴァンデンブルック[22]もいた。

今になって思えば、僕は今中さんや阿部さんの凄さを、本当の意味ではわかっていなかった。その点では、彼らは遠い海外のヒーローたちとあまり変わりはなかったかもしれない。海の向こうの英雄たち。あるいは、「もと」英雄たち。本当に格好良かった。

1991年から1995年まで、ツールを5連覇したインデュライン。すごく戦略的に走っていたことを覚えている。真っ向勝負を挑むタイプじゃない。TT（タイムトライアル）でタイム差を付けて、山岳でもそれを堅実に守るスタイルだった。

ビャヌル・リース[23]。ひとりでライバルたちに立ち向かう姿は格好良かった。彼はなんどもなんどもアタックして、1996年のツールで総合優勝を勝ち取った。

ヤン・ウルリッヒ[24]。こんな凄い選手もいるのかと思った。TTで差を付けるスタイルは、インデュラインに似ている。ウルリッヒとはその後、ドイツのケルンを一周するレースで一緒に走る機会があった。僕は彼の、異常に発達した下半身を見た。脂肪が1㎜もない。馬の脚のような、強靭な筋肉を皮膚がうっすらと覆った脚。

脚は、体の中で一番〝絞りにくい〟場所だ。体脂肪率を落としていっても、どういうわけか脚の脂肪が最後まで残る。その脚が、ほとんど筋肉だけでできていたウルリッヒ。プロトンの中で、強烈な存在感を放っていた。

マルコ・パンターニ[25]。一番憧れていたかな。彼がツールを勝った時に乗っていた、ビアンキのバイクがずっと欲しかった。僕は、彼のスタイルを真似て走った。日本の高校1年生に、走りのスタイルなんてあるはずがない。だから、僕はパンターニみたいに、上りでハンドルの下を持ってアタックした。僕のスタイルは彼から始まったといっていい。

そして、アームストロング。鉄人だった。

絶望的な癌《がん》から復帰して走る彼を見て、TREKのバイクを親にねだった。鮮やかな青のUSポスタルカラー。僕が高校生の時に乗っていたのは、青のTREKだ。彼の真似をして、フロントのシフターをWレバーにしていたこともある。

アームストロングは、ロードレーサーとしてのすべてを持っていた。圧倒的なフィジカルとメンタル。TTも速いけれど、山でも誰よりも速い。平地でも戦略的に、慎重に走っていた。ディレクターもよかったんだと思う。

僕がヨーロッパに行った年には、フミはディスカバリーチャンネルでアームストロングと一緒に走っていた。羨ましくなかったというと嘘になる。ずっと、会ってみたいと思っていた。当時はヒーローだったから。

アームストロングと同じレースを走る最初の機会は、2010年のツール・ド・ルクセンブルク[26]だった。5日間のステージレースだ。

ルクセンブルクのコースは起伏に富んでい

2009年、現役復帰を果たしたアームストロング

る。下りで、彼が僕の後ろにぴったり付いたことがあった。すぐ後ろにアームストロングがいる。異常に緊張した記憶がある。全身がぴりぴりした。あのアームストロングが、すぐ後ろを走っている。

別のステージで、彼が不意に僕の前に来た。

「でかい」と思った。いや、身長が170㎝台のアームストロングは、プロトンの中では決して大きくはない。でも、なぜかそう感じた。そう感じさせる何かが彼にはあった。あの圧力は何だったんだろう。どうやったら出るんだろうか？　今でもわからない。

殺気立っていた訳じゃない。むしろ逆。彼は常に余裕を持って走っていた。僕が本当に苦しい場面でも、リラックスしていた。レースなのに、彼の雰囲気は、明らかにレースを走っている選手のそれではない。そんな男が本気で勝負をかけた瞬間にどうなるのか。想像もできなかった。

その片鱗を感じる出来事はあった。

第1ステージ。終盤は周回になっていた。最終周回の上りで前に出たアームストロングがペースを上げると、それまで大勢いた集団があっという間に数を減らしていく。僕の調子は悪かったが必死に付いていき、その日は39位でゴール。結局、アームストロングは総合3位。僕は総合25位でルクセンブルクを終えた。彼は、まるで家の近所を散歩しているような顔をして走っていた。

「英雄」たちには、彼らだけの表情があった。

[19] 1963年〜。日本の元レーサー。日本人としてはじめて近代ツール・ド・フランスに参加。

[20] 1969年〜。日本の元レーサー。シマノでプロ入りし、1997年にはマペイGBに移籍。日本人唯一のジャパンカップ優勝経験者。

[21] 1966年〜。イタリアの元レーサー。パリ‐ルーベで2回優勝するなど、クラシックレースで活躍した。2013年、1998年のツールでのEPO（エリスロポエチン）使用が発覚した。

[22] 1974年〜2009年。ベルギーのレーサー。若い頃から活躍し将来を期待されたが、ドーピング疑惑や発砲騒ぎなど多くのトラブルを起こしたことでも有名。血栓により、34歳で死去。

[23] 1964年〜。デンマークの元レーサー。1996年、ツール総合優勝。2007年に過去のドーピングを告白した。現ティンコフ‐サクソ監督。

[24] 1973年〜。ドイツの元レーサー。1997年、ドイツ人としてはじめてツール総合優勝。その後もアームストロングのライバルとして活躍した。引退後、現役時代のドーピングを告白。

[25] 1970年〜2004年。イタリアのレーサー。今なお、伝説的なヒルクライマーとしてファンが多い。1998年、ジロとツールを同年に制す〝ダブルツール〟を達成。その後ドーピング疑惑によって出場停止処分を受ける。コカインの過剰摂取により34歳で死去。2013年、1998年に採取されたパンターニの検体から禁止物質であるEPOが検出される。

[26] 6月にルクセンブルク大公国で行われるステージレース。ツールの前哨戦のひとつ。

顔

強い選手には、強い表情がある。世界の頂点で勝てる選手が、すべてを賭けて勝負をする時の顔。

たとえば、2012年のブエルタで、ホアキン・ロドリゲス〔27〕からリーダージャージを奪いにいったアルベルト・コンタドール〔28〕。総合首位に立てる最後のチャンスに、彼は全開でアタックし、総合優勝した。彼のアタックと表情を、僕は間近で見ていた。

正直に言って、あの感じを言葉で表現する自信はない。理解してもらうことはできないと思う。テレビ越しの映像だけでは伝わらないだろうな。あるいは、僕もよくわかってないのかもしれない。

僕がそれに近いものを感じたのは、同じブエルタで集団をコントロールしていた時だ。チームには絶好調のエース、ジョンがいた。だから、彼のために何がなんでも逃げを捕まえなければいけない。脚がもげそうになっても、450wで集団を引き続ける。そういう時の僕は、似たような顔をしていたかもしれなかった。でも、自分の顔を自分で見ることはできない……。ジョンは12年のブエルタで5勝した。

リースや、パンターニや、ウルリッヒたちは、そんな表情で勝ってきた。アームストロングもそう。彼は、ポーカーフェイスが特徴だ。でも、勝負する時はもの凄い顔をする。彼は表情だけでも、周りを圧倒していた。

映像に映らないのは、選手の表情だけじゃない。いや、むしろ映像に映るのは、ごく浅い部分だけだ。

その先に、ロードレースの〝リアル〟がある。

[27] 1979年〜。スペインのレーサー。短い上り坂を得意とし、ワンデーレースで多くの勝利を挙げる。また、すべてのグランツールで総合2位か3位を経験している。カチューシャ所属。

[28] 1982年〜。スペインのレーサー。ツールを含むグランツールで5回の総合優勝を経験。2012年、2010年のクロンブテロール陽性反応により処分され、2010年のツールと2011年のジロの総合優勝が剥奪された。ティンコフ‐サクソ所属。

大学進学

高校3年時の成績はいまいちだった。フミに負けて2位というレースが多かったし、遠征の多さから疲労が溜《た》まっていた。

その頃から、進路について真剣に考えるようになった。ロードレースか、競輪か。トラック競技も、並行して続けていた。日本の高校生にとって身近な自転車競技は、やはり競輪だ。稼ぎもいい。

でも、僕の中ではロードレースに心が傾いていた。一番のきっかけは、やっぱりカナダやベルギーで本場のレースを見たことだ。格好良かった。

高校3年生になる頃には、腹づもりは決まっていた。その頃インタビューを受けた地元のテレビで、僕は断言した。緊張した面持ちの坊主頭の少年は、テレビカメラの前でこう言った。

「ロードレースは僕の生き甲斐《がい》です……僕はロードレースで食っていきます」

その通りになった。

散々な結果だった9月のインターハイの後、僕は大学への進学を決める。いや、正確には、ヨーロッパでプロとして走ることを目標にすることを決めた。

当時最強国内チームだったシマノレーシング［29］に入り、その後ヨーロッパに行く、というルートが狙いだった。シマノのレーサーは大卒が多い。だから、大学に行く必要があった。

いきなりヨーロッパに飛び込む自信がなかったということもある。でも、僕は準備を重ね、ステップを踏んで前に進むタイプだ。いきなりレベルの違うヨーロッパに行っていたら、選手を辞めていた可能性も小さくない。大学進学を選んだのは間違いではなかったと思う。

2002年、僕は関東の大学にスポーツ推薦で進学した。

今思うと、すべてを自転車に捧げた高校生活だった。女っ気もまったくなかった。

幼馴染の女の子に、同級生を紹介してもらったことがある。本当に綺麗な子だった。2人で自転車に乗って町まで出かけて、ちょっとおしゃべりをした。遊んだうちにも入らないけれど、何をどうすればいいのかはわからなかった。付き合いたかったけれど、どうすれば付き合えるのか、想像もつかなかった。

自転車の話はしなかった。もししても、わかってもらえなかっただろう。

高校3年生の冬、世界戦が終わった後、地元の運送会社でアルバイトをした。人生で唯一のバイトだ。金に困ったわけじゃない。普通の高校生がやることを、やってみたかっただけ。時給は750円。山形じゃ破格だ。バイト代で友達と焼肉を食べに行った。皆が当たり前にやっていることをできない、という自覚はあった。でも、周りを羨ましいと思ったことはない。僕は自転車が好きだった。

[29] 自転車用品メーカーである㈱シマノが運営するチーム。

生意気

大学で一番大切なことは、もちろん自転車。スポーツ推薦で入った大学で、僕はすぐに自転車部に入った。東京の西部、国立《くにたち》に部の寮があって、そこで暮らすことになった。

自転車部は、超が付く体育会系だった。1年生なんて、奴隷以下だ。

毎朝4時半に起きて、先輩方を起こさないようそうっと寮の掃除をする。食事当番は、部員27人分の朝食を作る。冬、まだ暗いうちの米とぎは辛かったけれど、やらないという選択肢はなかった。1年生だから。

1年生には「電話番」という役割もある。持ち回り制だった。寮に電話をかけてくるのはOBが多かった。携帯電話を使わず、わざわざ寮にかける。「○○だが、××はいるか」「申し訳ございません、××先輩はただ今外出されております。ご用件を承ります」。こんな感じ。

3コール以内に出ないと頭を剃られることもある。僕の部屋から電話までは距離があるので必死に走ったけれど、結局2回剃られてしまった。1回目は、自分の部屋に電話を持ちこんだのがバレたから。2回目は、電話まで走る途中で転んでしまった。

頭を剃るといっても坊主頭じゃなくって、頭の真ん中を縦に剃る（モヒカンの逆と言えばいいんだろうか）。その頭で学ランを着て、中央線に乗らないといけない。まあ、要するにいじめだ。

僕は、高校生活で培った忍耐力でなんとか耐えたけれど、食事の準備や電話番で練習時間が取れないのには困ってしまった。インカレの前も、ちゃんと練習できたのはせいぜい1カ月くらい。結果は2位。

これじゃだめだ。

僕は大学を辞めることにした。けれど、ただ辞めるんじゃつまらない。出るレースをすべて勝ってからサヨナラすることにした。

そのためには、普通の練習だけでは足りない。僕は年明けから国立スポーツ科学センター（JISS）でひとり合宿をした。途中からは仲の良かった他大の学生を誘い、2人で。3月半ばのナショナルチームの合宿までに1万km乗るのが目標だった。

4月のチャレンジサイクルロードレースでシーズンイン。敵なしだった。どのレースでも自由自在に動ける。フミがヨーロッパに行っていたというのもあるかもしれない。

チャレンジではもちろん勝って、その後も勝ち続けた。ところが5月、練習中に落車してしまう。前の選手が落車して、それに突っ込んでしまった。脇をかすめたトラックに轢《ひ》かれなかったのは不幸中の幸いだったけれど、気が付いたら縁石に突いた左手の指が全部ひっくり返っていた。

親指と小指以外が全部折れ、手が野球のグローブみたいに腫れ上がった。大切な学生選手権の2週間前。がちがちにギプスで固められて、自転車に乗ることすら難しい。そこで1週間経ったところで柔らかいギプスに替えてレースに臨んだ。流石に余裕とはいかなかったけれど、スプリントを制して僅差の勝利。片手がつかえないので、スプリントとも呼べないようなスプリントだった。その後、U23の全日本選手権ではフミに負けて2位だったけれど、学生のレースはすべて勝った。

僕は反抗的になっていった。レースで勝ちまくっただけじゃなく、2年生になった（つまり奴隷じゃなくなった）ということもある。

髪を脱色し、パーマをかけた上にエクステンションまで付けて、ヘルメットに入らないような髪型にした。もちろん、部では禁止だ。

「お前何考えているんだ。すぐに戻せ」

「インカレで勝つんで、このままにさせてください。坊主頭じゃやる気が出ないんで」

インカレも勝った。

9月。ツール・ド・北海道でシマノレーシングの住田修さんに声を掛けてもらったのをきっかけにして、僕はシマノ入りを志願した。11月に大阪に行ってサインをして、シマノ入りが決まった。

大学の2年間で得たものは、正直言ってほとんどない。でも無駄だったとは思わない。僕は段階を踏んで、ゆっくりと前に進む。

部活は納会も出ずに辞めた。体育会系っていうシステムは嫌いじゃないけれど、僕は普通に振る舞うだけでもその枠からはみ出てしまうらしかった。

僕の辞め方についてOBが色々と言っていたと後になって聞いた。

「好き勝手しやがって、生意気な奴だ」

生意気。

僕にいつもつきまとう形容詞だ。僕はずっと生意気だった。

日本は引き算の国だと思う。１００点満点の理想形があって、その枠からはみ出るたびに減点。でも、強い選手は皆、自分で考えて動く。それは０点から出発して、だんだんと点数を積み重ねるということ。目標を自分で決めて、そこに向かって自分で動く、という当たり前のことができない選手がすごく多かった。そういう奴は、強くても沈んでいった。

フィジカルなんて二の次でいい。大切なのは、どうしたらどうなる、ということを考えること。フミも、ずっと計画的に動いていた。プロになるためにフランスに行く。シマノに行きたいから、大学に行く。そういう目標があればモチベーションは上がるし、外野に何を言われても気にならない。

自分で動いて、どんどん点数を稼いで積み重ねないといけない。

そういう若い奴を、日本では生意気って言うのかもしれないけれど。

シマノレーシング

大阪の堺に、シマノのでかい寮があった。大きな荷物は送ってもらって、僕は自転車と手荷物くらいを持って寮にやってきた。その年入ったのは僕だけ。

夕食の席で自己紹介。緊張していたら、ヤジがいっぱい飛んできた。貶《けな》そうというんじゃなくって、合いの手みたいなもの。ツッコミと言ったほうが正確かもしれない。大阪だし。でもこういう雰囲気の集団ははじめてだった。そして、こんなに強い集団に入ったのもはじめてだった。

今まで、属した集団ではすぐに一番になってきた。シマノでももちろん一番を目指すけれど、今度ばかりは簡単にいきそうもなかった。とんでもない面子が揃っていたから。

野寺秀徳［30］さん。日本人として2人目にジロ・デ・イタリアを完走した人。全日本選手権も2回勝っている。

優しい人だったけれど、何かを秘めている感じはあった。僕が入った時にはもう、ジロを走った後だったけれど、ジロの話を野寺さんから聞いたことがない。自慢するような人じゃなかった。

鈴木真理《しんり》［31］さん。本当に悔しい時だけ感情を表に出すけれど、あとはふわっとした、不思議な雰囲気の天才だった。車が好きで、普段は自動車雑誌ばっかり読んでたけれど、練習中は真面目で、強さはダントツ。アジア選手権で2回、全日本も1回勝っている。

　真理さんの強さは、自転車を知っている点にある。どこでどう力を出せば勝てるのかを知っていた。もちろんベースとなるフィジカルは絶対に必要なんだけれど、勝つためにはその使い方を知らないといけない。

大内薫［32］さん。チームのムードメーカー。とにかく明るい人で、「関西人とはなにか」ということは彼から教わったような気がしている。

山本雅道［33］さん。憧れだった。昔、雑誌のインタビューで憧れの選手を聞かれた時、野寺さんと雅道さんの名前を挙げたことがある。ずっと憧れていたかったけれど……。

狩野智也［34］さん。平地で一番速かったのは狩野さんかな？　ヨーロッパでもずっと一緒で、なんだかんだで今も同じチームにいる。不思議な縁だ。

廣瀬佳正《よしまさ》［35］さん。昔からどうもチャラい感じの見た目だったけれど、ハードに練習しているなっていう印象があって、インターバル走とか、トレーニングについて色々と教わった。基本的に愉快な人だけれど、後に宇都宮ブリッツェンを立ち上げたように、芯にはすごく真摯なところがある。

阿部良之さん。世界最強だったマペイにいたことがあり、日本人として唯一ジャパンカップを勝った伝説の男。アジア選手権と全日本も勝っている。トレーニングのやり方を一番詳しく教えてもらえたのは、阿部さんからだったと思う。「どうすれば速くなれるのか」「何を食べればいいのか」といった、僕のあいまいな質問に丁寧に答えてくれた。

今西尚志[36]さん。生意気な僕をねじ伏せて、メンタルを育ててくれた人。原石でしかなかった僕の尖った部分を削り落としていった人。僕がああだこうだ言っても、ダメなものはダメと、絶対に首を縦に振らなかった。

今西さんも、1年目はまだ甘かった。ところが、僕がヨーロッパのレースでそれなりに走れるようになったら急に厳しくなった。実は、それには理由があった。今西さんの「プロジェクト」に、僕が必要だったからだ。ヨーロッパを見据えたプロジェクト。でも、当時はそんなことは知らなかった。僕はこういう、もの凄い男たちの間に入っていった。今思い返しても大変なメンバーだ。

練習も、経験したことがないほど速い。朝9時30分に、近所のマクドナルド前に集合（寮ではなく、シマノの社宅に住んでいた選手もいたから）。峠を含めて、ひたすら走る。2時間で終わることもあれば、5時間以上走ることもあった。

皆、平地でも上りでも速い。無理をして、阿部さんと峠でやりあったこともある。そして、そんなに速いのに誰もちぎれない。全員が、すべての局面で強い。シマノが強い訳だと思った。この中で1番になるのには時間が掛かりそうだとも……。

ところが、その最強軍団が体育会系とは対極的な集まりだったから面白い。既に書いたように、僕は軍隊式の部活からシマノに行ったので、びっくりした。

まず、基本的に自転車の話はしない。トレーニングメニューがどうとか、ペダリングがどうといった話はまず出なかった。練習は真剣だけれど、シャワーを浴びてプロテインを飲んだらバカ話で盛り上がる。

廣瀬さんあたりが「今日可愛い子がいたぜ!」みたいな話を持ってくる。で、野寺さんなんかがそれをさらに盛り上げる。若い僕は緊張しつつも自信過剰だったので、いいいじられ役だった。今もたまに皆と当時の話をするけれど、僕の評価は「新人類」とか「野心家」とか、そんなものばかり。どう見られていたかよくわかる。

あと、全員が酒豪(真理さんはあんまり飲めなかったかな)。焼酎、ビール、なんでも飲んだ。レースの後は打ち上げ。道頓堀に「やっこ」っていう行きつけの飲み屋があって、だいたいそこで飲んだ。あとは自転車なんて関係のない話で、ひたすら騒ぐ。

真理さんはバカ騒ぎをするタイプじゃなかったかもしれない。チームに入ったばかりの頃、僕が緊張してカチコチになっていたら、うどんを奢《おご》ってくれた。「楽しくやろうぜ」

くらいのことを言ってくれたけれど、具体的にああしろこうしろという話は出ない。そういうことをいう人はシマノにはいなかった。もちろん、バリカンで頭を剃られることもない。休みの日は、心斎橋まで出てマッサージを受けたり、焼肉に行ったり。みんな立派な人たちだったし、十分に強かったせいかもしれない。トレーニングの方法も、それぞれ自分のなかで確立していたと思う。

そういう、面白くって超強いチームで僕は走りはじめた。

[30] 1975年〜。法政大学卒業後、プロ入り。シマノレーシングを経てイタリアのチームに移籍。日本人として二番目にジロ・デ・イタリアを完走した。現シマノレーシング監督。

[31] 1974年〜。2002年全日本選手権、2003年アジア選手権優勝。国内レースのランキングであるJ（プロ）ツアーも3回制している。現宇都宮ブリッツェン所属。

[32] 1977年〜。日本の元レーサー。

[33] 1978年〜。1999年、2000年のU23全日本選手権を連覇してシマノレーシングでプロ入り。現在は神奈川県にてプロショップを経営。

[34] 1973年〜。法政大学卒業後、プロ入り。ヒルクライムを中心に日本トップレベルの強さを誇る。現チーム右京所属。

[35] 1977年〜。ブリヂストン・アンカー、シマノレーシングを経て、出身地である宇都宮に地元密着型チーム「宇都宮ブリッツェン」を立ち上げる。現宇都宮ブリッツェンゼネラルマネージャー。

[36] 1969年〜。同志社大学卒業後、シマノ在籍を経てチームのコーチ、監督、ゼネラルマネージャーな

どを歴任。

1番になりたい

僕はこのチームでも1番になりたかった。だから練習した。

練習は、基本的に走るだけ。週に2回くらい、今でいうLT走[37]みたいなメニューで追いこんで、それ以外の日はみんなで走る。科学的トレーニングとは無縁だった。今思うと、よくあんな練習でコンディションを上げていたと思う。それでいてみんな滅茶苦茶強かったんだから、不思議な話だ。

シマノでのはじめてのレースは、3月のアメリカのレースだった。

レースは、当時あまり知られていなかったクリス・ホーナー[38]の圧勝だった。僕はホーナーを知らなかったけれど、今西さんは知っていて、興奮していた。僕は完走するのがやっと。でも、そもそも勝とうなんて気持ちはなかった。まずは、チームで1番になる。これが目標だ。

チームオーダーがあった最初のレースは、4月の修禅寺。アテネオリンピックの予選も兼ねたレースだった。

チームの狙いは、真理さんか野寺さんを勝たせてオリンピックに送り込むこと。そのために僕に課された任務は、独走力のあるアンカーの3人、福島兄弟［39］と田代恭崇［40］さんのアタックに対応することだった。彼らが飛び出したら、すぐに後ろについてチェックする。

アタックが起こるたびに一緒に飛び出し、潰す。それを130kmくらい続けたら、急に脚が動かなくなった。寒気がして、気分が悪くなる。ハンガーノックだ。僕は補給のタイミングや、適切な補給食を理解していなかった。リタイアしてバイクを降りた時には、歩くこともできなくなっていた。プロの洗礼だった。

結果は、田代さんが優勝して真理さんが2位。2人がオリンピックに行くことになった。表彰式の最中も震えはなかなか収まらなかったけれど、嬉しかった。今までは自分のためだけに走っていた。それが、他人のため、チームのために走る。はじめての経験だが、悪くない。

これが僕のはじめての「仕事」だった。でもそのうち、俺がエースになる。

7月、福島県石川町のレースではじめて表彰台に上がった。狩野さん、真理さん、僕の順。この頃から強くなってきたことが実感できた。

僕は調子に乗り、ますます生意気になった（これについては当時のチームメイトの証言がたくさんある）。そんな僕を可愛がってくれたチームの皆には、今でも頭が上がらない。それが「本当に強い」ということなんだろうと、今になって思う。でも、21歳の僕にはわからなかった。目標としてのヨーロッパがだんだん具体的になってきたのもこの頃だ。自分はゆっくりとステップを上りつつある。そう感じていた。

その年、埼玉県で行われた国体で、走りは下手糞だけど凄く速い少年を見かけた。上半身はぐにゃぐにゃだったけれど、がむしゃらに走る。褒めたら、沖縄出身という彼はただ照れていた。謙虚な奴だった。彼が新城幸也《あらしろゆきや》［41］だと、後で知った。幸也は今でも謙虚だ。

秋の埼玉国体では、宮澤崇史［42］さんにスプリントで差されて2位。その頃から崇史さんは走りが上手かったな。11月のおきなわはリタイア。疲れが溜まって調子は落ちていた。

こうして終わったプロ1年目。チームで1番になることはできなかったけれど、まあまあだ。でも、俺はどんどん強くなっている。来年には誰にも負けないだろう。エースとして、真理さんや狩野さんを従えて走るんだ。

そんな時、シマノがプロコンチネンタルチーム［43］に昇格するというニュースが飛び込んできた。オランダのチームと合併するのだという。プロコンならば、ツールはじめ世界トップクラスのレースに出場することができる。今西さんの「プロジェクト」だった。

突然、「ヨーロッパ」が目の前に現れた。

[37] LT（乳酸閾値）に近い強度で走るトレーニング。乳酸閾値とは、疲労の目安となる乳酸の血中濃度が急激に上昇しはじめる領域のこと。

[38] 1971年〜。沖縄県出身のアメリカ人レーサー。2013年、41歳でブエルタ・ア・エスパーニャを総合優勝し、史上最高齢のグランツール覇者となった。ランプレ-メリダ所属。

[39] 福島晋一（1971年〜）、福島康司（1973年〜）の兄弟。2人とも数々のレースで結果を残し「福島兄弟」として知られる。

[40] 1974年〜。全日本選手権で2度優勝するなどの結果を残した。

[41] 1984年〜。2009年、複数のチームを経てフランスのプロチームであるブイグテレコムと契約。ツール・ド・フランス完走4回、世界選手権9位、パリ-ツール5位など、圧倒的な成績を誇る。チーム・ユーロップカー所属。

[42] 1978年〜。全日本選手権、アジア選手権などで優勝経験のあるレーサー。チームNIPPO-デローザ所属。

[43] チームの格付けにおいて、上から2番目に位置するチーム。ワイルドカード次第で、ツールなどの大きなレースにも出場できる。

第2章

世界

自転車ごと吹っ飛びそうな暴風だった。車体が常に斜めになる。気温は3、4℃。凍えそうだ。それなのに、誰もウォーマーを付けていない。こっちの連中は寒さを感じないんだろうか。歯の根が合わず、補給食を噛み下すことすら難しい。

石畳に入る前の位置取りは、まるでスプリントだ。皆が猛烈に加速し、体がぶつかり合う。筋骨隆々の男たちの中で、体重54kgの僕は跳ね飛ばされないように必死だった。そして石畳の上では、いくら踏んでも前に進まない。練習で石畳を走ったことはあったけれど、本番は勝手が違う。

石畳、暴風。真っすぐ走ることすらできない。寒さのせいで、手足の感覚はすでになかった。そのくせ、石畳からの振動はもろに全身に伝わる。舌を噛みそうだ。

前の方を見ると、遥か彼方で縦に伸びた集団がバラバラになっていた。横風を利用して攻撃しているチームがいる。クイックステップ［1］か、ロット［2］か。僕はプロトンが文字通り「破壊」されるのをはじめて見た。こんな暴力的なレースは日本にはなかった。

ちらっと見えた速度は時速50kmを超えている。体が粉々になりそうだった。石畳混じりのコースを50kmほど走ると周回コースに入り、そこから本格的にレースがはじまる。僕は準備には力を入れるタイプだ。コースマップは頭に叩き込んだし、石畳の上を走る練習もしてきた……。

30kmほど走って、僕はリタイアした。ちぎれたんじゃない。走ることすらできなくなっただけだ。

リタイアする直前、ニコ・マッタン［3］が風の中をわざわざ話しかけにきた。日本から若いレーサーがやってきたことは、プロトンに知れ渡っていたんだろう。彼は笑いながら言った。

「どうだい、ベルギーのレースは最高だろう!?」

［1］現オメガファーマ・クイックステップ。ベルギーに本拠地を持つ強豪チーム。ワンデーレースのスペシャリストが多く在籍する。
［2］現ロット・ベリソル。ベルギーに本拠地を持つ強豪チーム。
［3］1971年〜。ベルギーの元レーサー。ワンデーレースを中心に活躍し、2005年にはファン・アントニオ・フレチャやダニエーレ・ベンナーティを下してヘント〜ウェヴェルヘムを制している。

シマノハウス

所属していたチーム、シマノがオランダのチームと合併し、今でいうプロコンチネンタルチーム[4]に昇格する話が来たのは2004年の秋だった。突然、チャンスが目の前に降ってきた。

日本でのレースも続けなければいけないので、全員で渡欧する訳にはいかない。チームをヨーロッパ組と日本組に分けることになった。もちろん僕はヨーロッパ行きを志願したけれど、どうやら最初からヨーロッパ組に入っていたらしい。今西さんも背中を押してくれ、最終的に、狩野さん、雅道さん、僕が行くことになった。

その頃、僕と雅道さんの仲は冷え込んでいた。雅道さんは生意気な僕を嫌っていた。比較的歳が近いせいかもしれないし、チーム内での地位争いも影響していたかもしれない。僕は、高校時代から持っていた雅道さんへの憧れを無理やり反抗心に変えて、その場をしのいでいた。幼かったんだと思う。

狩野さんは中東のツアー・オブ・カタールに出るために先に日本を発っていたので、飛行機には僕と雅道さん、今西さんの3人で乗り込んだ。僕と雅道さんはお互い口も利かず、離れた席に座る。2005年の頭だ。

オランダのオーバーライセル州に一軒家があって、当時はそれがシマノのヨーロッパ組の拠点だった。通称〝シマノハウス〟。周囲には何にもなくって、最寄りのスーパーまで5km。ここで、僕たち3人の共同生活がはじまった。

それぞれに個室があてがわれて、食事だけは食堂でとる。メニューはひたすらサラダ、肉、パスタ。アスリートにとって食事はトレーニングの一環に過ぎない。楽しみではなかった。最初は3人で食事をしていたけれど、やがてバラバラに食べるようになる。一緒にテーブルを囲んでも僕と雅道さんは一切口を利かないので、狩野さんも疲れただろう。練習も最初は3人で行っていたけれど、それも道を覚えた頃からバラバラになった。僕はひとりでシリアルを食べ、雅道さんと顔を合わせないように家を出る。

僕のトレーニングの知識にはほとんど進歩はなかった。高校生の頃と大して変わりはない。オランダには山がないので、平地を走るだけ。シマノハウスに帰ってシャワーを浴びたら、タマネギと卵を入れたインスタントラーメンを作って食べる。こんな真似をしたのはストレスのせいだった。この習慣は一カ月続き、僕の体重は3kgも増えた。

ラーメンを食べ終えたら、何もやることがない。ネット環境もないし、テレビは何を言っているかわからない。家の周囲には何もないし、友達もいない。僕はひたすら部屋で、日本から持っていったジブリのアニメを見て時間を潰した。『となりのトトロ』や『魔女の宅急便』を何十回と繰り返して見た。飽きても、ひたすらに見た。

狩野さんとはたまに喋ったり、酒を飲んだりしたけれど、日本にいた頃みたいに騒ぐことはできなかった。

「今度のレースも30分の命だな」

と、ビールを飲みながら狩野さんが言った。日本では、最強の男のひとりだった狩野さんが。かける言葉がなかった。慰めても意味はない。横風が吹くだけで、石畳が現れるだけで、簡単に僕らのレースは終わる。２００５年は80ほどのレースに出走したけれど、僕が完走できたレースは3つしかない。

辛かった。完走もできないレースと先の見えない練習の繰り返し。声にこそ出さなかったけれど、狩野さんも雅道さんも同じだったと思う。だんだんと会話は減っていった。チームのオランダ人たちは僕らに冷たかった。当然だ。レースがはじまってすぐにちぎれるような選手なんて役に立たない。言葉が通じないから指示も出せない。もっとも、指示があってもそれをこなすことなんてできなかっただろう。

僕らはチームのお荷物だった。

「お前の走りはプロじゃない。さっさと日本に帰ってくれ」というようなことを、英語で言われることはよくあった。オランダ語では、もっとひどいことを言っていたに違いない。

［4］ UCIによる格付けで、プロチームの下に位置するチーム。ワイルドカードがあれば、ツール・ド・フランスなど最高峰のクラスのレースにも参加できる。

〝シューミ〟のこと

オランダ人だらけのチーム［5］に、ひとりだけドイツ人がいた。僕らと同じく2005年からの加入だけど、最初から圧倒的に強い。TTもスプリントも上りも。あまりに強かったので、誰もアシストできないほどだ。そのせいで、レースではほとんど孤軍奮闘だった。オランダ人たちの当たりがきついなか、彼だけは僕に優しかった。僕を怒鳴りつけなかった唯一のチームメイトだったかもしれない。物静かな紳士だけれど、酒が好きで、飲むと陽気になった。2度、僕らのシマノハウスに泊まりに来たことがある。家のそばで続けてレースがあった時だ。交通費を節約するためだろう。

「酒でも飲もう」と彼が言い出した。もしかしたら、チームで孤立してボロボロになっていた僕らに気を使ってくれたのかもしれない。狩野さんと彼とで酒を買いに行くことになった。

オランダでは、日本みたいにそのへんで酒を売っているわけじゃない。2人で、酒を売っている店を探しに車で出かけた。なかなか店が見つからずにうろうろしていたら、彼はマイケル・ジャクソンの歌を歌いだしたということだった。2人はヒットナンバーを熱唱しながら店を見つけ、ビールとウォッカ、あと彼の好物だったポテトチップを買い込み、シマノハウスに帰ってきた。

また、ある別のレースでの話。連日の雪で練習できず、ご機嫌斜めの彼と2人で飲んだこともある。僕はレース前日だからあまり飲まなかったけれど、彼は酔いが回ってくるにつれ、だんだんと饒舌になってきた。普段は真面目な顔ばかりしているのに、ちょっとした冗談にも笑ってくれる。

「オランダ人たちに色々言われて辛くないか？」と彼が聞く。

「ありがとう。でも大丈夫だ」

「チームとの契約はどうなっている？　ちゃんとチェックした方がいいよ」

思えば、強さでも国籍でも彼はチーム内で孤立していたから、同じように孤立していた僕らに親近感を持っていたのかもしれない。

ドイツ人である彼は、いつもつるんでいるオーストラリア人たちをあまり好んでいなかった。あるいは、単純に若い僕を気にかけてくれたのか。

僕は後で、彼が孤立していた理由をもうひとつ知ることになるのだけれど。

彼はレース前日でも当たり前に酒を飲むほど酒好きだった。ベルギーのホテルで一緒になった時、監督に見つからないよう、こっそり歩いてビールを買いに行ったこともある。

僕が、石畳をまったく走れず落ち込んでいると伝えると「石畳の上で走っても、まるでダンスしているみたいだ」と言って笑った。僕も笑う。もっとも、彼はダンスしながらも優勝を狙えるほど速かったから、僕とは違う。けれど、優しかった。

そんな彼も、レースになると人格が変わった。レース後にヘルメットを叩きつけているのを何度も見た。アシストが機能しないことに苛立っていたんだろう。少しでもきつい展開になると、誰も彼に付いていけなかったから、いつもひとりで戦っていた。

気になることがひとつあった。どうも体調を崩しやすいらしい。ヤンセンというチームドクターのところに、いつも入り浸っていた。部屋の鍵を締めるので何をしているのかわからなかったけれど、僕は心配だった。酒を飲みながらそのことについて尋ねると、彼は笑いながらはぐらかした。シーズンが終わると同時に彼は別のチームに移籍してゆき、2008年にドーピングで処分された。

シュテファン・シューマッハ〔6〕。

僕はドーピングの話題を聞くたびに彼のことを思い出す。

〝シューミ〟のドーピングのニュースは衝撃だった。仲の良かった選手が捕まり、処分され、すべての名誉を奪われる。僕はその時まで、この競技と深い関係があるドーピングというものを意識したことがなかった。本当の意味でドーピングを知ったのはこの時だった。それからだ。僕がプロトンの噂に敏感になったのは。

今思えば、周囲はシューマッハを「そういう目」で見ていた。それも孤立の原因だったんだろう。彼が入り浸っていたチームドクター、ヤンセンにも黒い噂があったことをその後知った。後にシューマッハは20代前半にドーピングをはじめたと告白しているから、この頃すでに、禁止薬物に手を出していた可能性は高い。彼はこうも言っている。

「ドーピングは、トレーニング後のパスタみたいなものだった」

悪いヤツがズルをするためにドーピングに手を出す。それが日本での「ドーピング」のイメージだと思う。でも、現実はそんなに単純じゃない。何度か喋ったディルーカ[7]も、気さくでいい奴だった。

要するに、やらないと勝てない環境があるから、やる。それだけだ。

シューマッハがチームにいた頃は、僕の英語は片言だったから十分な会話はできなかった。もっと色々な話をしたかったな。

[5] オランダのチームであるメモリーコープと日本の実業団チームであるシマノが合併したことでチームが発足したため。なお、2009年以降は再び分離した。
[6] 1981年〜。ドイツのレーサー。2006年にはジロ・デ・イタリアでステージ2勝、2008年に

はツール・ド・フランスでステージ2勝を挙げるなど活躍したが、同年の血液サンプルからCERA陽性反応が出たことで処分された。クリスティーナウォッチズ・オンフォン所属。

［7］ダニーロ・ディルーカ。1976年〜。イタリアの元レーサー。2007年ジロ・デ・イタリア総合優勝ほか、ワンデーレースを中心に多くの勝利を挙げた。2007年にドーピング疑惑で出場停止処分、2008年にはCERA陽性反応により再び出場停止処分を受ける。2013年、EPO陽性反応によりCONI（イタリア・オリンピック委員会）から生涯資格停止処分を受け、競技からの永久追放が決まった。

どん底

2005年は最悪の1年だった。レースでは何もできない。シマノハウスにいると息が詰まり、たまに飲む酒と、毎晩見続けるジブリのアニメしか息抜きがなかった。

4月に、ばあちゃんが亡くなったと実家から連絡があった。僕を可愛がってくれたばあちゃんが。その電話で、実は2月にじいちゃんも亡くなっていたと告げられた。僕のためにあえて伝えなかったという。電話を握ったまま、僕は呆然とした。すぐに日本に帰りたかったが、家族には止められた。

さらに5月、まだ若かったいとこが突然、病気で死んでしまったと知らされる。

実は、この頃の記憶は今でもあいまいだ。ショックが大きすぎたんだろうか。

結局、日本に帰れたのは6月の全日本選手権の時だった。ただし、実家に寄る時間はなく、おとんとおかんと食事をしただけ。ふたりは、僕を慰めてくれた。ただし、こういう時の両親は、口数は多くない。言いたいことはたくさんあっただろうに、食事をしただけで別れた。これが土井家の流儀だ。日本では友人に会った記憶もないけれど、髪を切ったことだけはなぜか覚えている。全日本選手権はリタイアした。

ヨーロッパでのレースは、平地でのワンデーレースが多かった。石畳もある、トム・ボーネン［8］が勝つようなレースだ。周りの選手はみんなごつい。僕は大きくないし、その頃は筋肉もなかった。憧れていたトッププロと走れることに最初は興奮していたけれど、やがてその喜びもなくなった。

出るレース、ぜんぶリタイア。30分もてばいい方だ。収容車がおなじみになった。ゴール付近まで運ばれて、そこで他の選手のレースを見る。

凄まじい速度。高校生の頃にフミと一緒に出たラビティビでも衝撃を受けたけれど、僕が落車でリタイアしたのは完走が見えていた頃だし、これほどの実力差はなかった。どうやればああやって走れるのか、その道筋すら見えなかった。そんな状態ははじめてだった。

まったくお話にならない。軽い日本人が後ろの方でひらひらしているのは、プロトンでも有名になっていたかもしれない。

レース後のミーティングは苦痛でしかなかった。選手や監督たちが議論している間、じっと黙って耐える。何を話しているか理解できなかったけれど、ほとんど無視されていたのは確かだと思う。

挑戦をしたのに目標を達成できないことは今までにもあった。狙っていたレースでフミにスプリントで負けたり。けれども、挑戦するところまでたどり着けなかったことはない。挑戦していない以上、挫折する権利もないな、と思った。

4月に、雅道さんが日本に帰った。ただでさえ広いシマノハウスに、僕と狩野さんのふたりだけ。家がよけい広く感じられるようになった。

山があるレースを走りたかった。小柄で軽量な僕は、石畳よりも上りに向いているのは間違いなかったから。（シューマッハふうに言うと）石畳の上でダンスしているよりも、上りの能力を伸ばすほうがいいんじゃないだろうか。ともかく、切り口を変えるしかない。あとはひたすら練習だ。山がないので、ただただ平地を走る。月3000km以上は乗り込んでいた。

4月、アムステルゴールドレース［9］に出るように指示が来た。この時期を代表するレースで、同時にもっともレベルの高いレースでもあったけれど、アップダウンを繰り返すコースは石畳よりは僕に向いているはずだ。

　スタートラインに並びながら、僕は感動していた。周りにはスターしかいない。マイケル・ボーヘルト[10]、ダヴィデ・レベリン[11]、パトリック・シンケヴィッツ[12]……。2度と出られないと思っていたので、少しでも楽しもうと、知っているレーサーの顔を探してキョロキョロしていた。

　その日は中継ヘリが飛べないくらい霧が深かった。前が全然見えない。雨も降り、寒かった。僕は最初から完走は諦めていたので、ずっとプロトンの最後尾を走っていた。来年にはもう日本に戻っているかもしれない。せいぜい楽しもう――。

　プロトンはまるでジェットコースターのように上りと下りを繰り返す。上りは苦しいが、なんとか集団に付いていく。こんな坂が30以上用意されているのがアムステルゴールドレースだ。やがて

アップダウンを繰り返すアムステルゴールドレース

上りでちぎれ、その後リタイア。霧のせいでまったく距離感はないが、130km地点まで来ていたことを後で知った。リタイアには違いないが、世界トップレベルの選手が集まるレースでここまで来たのはかすかな光ではあった。優勝はダニーロ・ディルーカだった。

その後、オフで帰国するまではあまり記憶がない。最悪の年だった。自分が何をしにヨーロッパに来たのかわからなくなった。まさか、有名選手とちょっとサイクリングして、その後収容車でゴールに帰るために来たわけじゃないだろう。できることがほとんどないので、目標を立てることすらできなかった。

言葉もできず、アドバイスをくれる人もいない。毎日ひたすら、シリアル、練習、ラーメン、ジブリ、パスタ……。9月のレースでシーズンを終え、日本に帰った。

久々に山形の実家に帰った。おとんとおかんは僕の状況を知っていたはずだけれど、何も言わなかった。年が明けたら、シマノの寮がある大阪に行った。

シマノにとっては、2008年の北京オリンピックが大きな目標だった。それまではヨーロッパを走ってほしい、というのが会社の意向だ。もうヨーロッパを走りたくない気持ちはあったけれど、そうはいかない。行くしかなかった。僕は寿司、ラーメン、カツ丼と一通り日本食を堪能すると、2月にはまた、オランダに飛んだ。

2006年シーズンがはじまっていた。

［8］1980年～。ベルギーのレーサー。パリ－ルーベ4勝、ロンド・ファン・フラーンデレン3勝など、石畳が登場する「北のクラシック」で圧倒的な強さを誇る。

［9］オランダ南東部を舞台に行われるワンデーレース。

［10］1972年～。オランダの元レーサー。1999年のアムステルゴールドレースで優勝するなどワンデーレースを中心に活躍した。引退後、現役時のドーピングを告白。

［11］1971年～。イタリアのレーサー。ワンデーレースを中心に活躍したが、北京オリンピックでのドーピングが発覚し、処分を受ける。

［12］1980年～。ドイツのレーサー。2004年ジャパンカップ勝者。2007年、ドーピングにより処分される。

第3章

順応

2006年、ドイツのアマチュアチームからポール・マルテンス［1］という選手が入ってきた。今はベルキン［2］にいる同い年の選手だ。2005年にはU23でタイムトライアルのドイツチャンピオンになっている。彼が偶然シマノハウスのそばに引っ越してきたので、一緒に練習するようになった。シマノハウスには狩野さん、品川さん、あと野寺さんがいたけれど、練習は基本的にポールと行っていた。2005年までチームにいて、2006年から別のチームに移籍していたローレンス・テン・ダム［3］が来ることもあった。今、ポールと一緒にベルキンで走っている、ヨダレを垂らしながら走ることで有名なテン・ダムだ。

思えば、僕のトレーニングにはあまり進歩がなかった。オランダでやっていたことも、基本的には高校生の頃と変わらない。ただ走るだけ。けれど、本場のトレーニング方法は日本のだいぶ先を行っていた。

ポールはいい奴だった。「この程度のレースも走れないならやめちまえ」みたいなことを言いつつも、トレーニングに関する僕の質問にも丁寧に答えてくれる。「家族と離れているのに、どうして頑張れるんだ?」と聞かれたこともある。日本人が珍しかったこともあるだろう。ウマが合い、ポールがラボバンクに移籍してからもたまに一緒に練習していた。

ポールのバイクのクランクには変なパーツが付いていた。聞くと「パワーメーター」

［4］だという。乗り手の出力を検出し、ワット（w）で表示する。ドイツのSRMという会社の製品だった。

それまではトレーニングの強度の指標として心拍計を使うことが多かったけれど、心拍数は体調などによるブレが大きい上、運動強度の変化が数値に現れるまで時間がかかる欠点があった。たとえば、体調が悪い日は心拍数が低く出る。また、5秒間全力でもがくスプリントなどでは、心拍数が反応して急上昇するのはもがき終えた後になる。パワーメーターにはそういう弱みがなく、極めて正確な指標になる。その後定着する科学トレーニングには欠かせない機材だ。僕もすぐに使いはじめた。

日本でも有名な、LSDというトレーニングがあった。Long Slow Distanceの頭文字をとったもので、長距離をゆっくり、鼻歌を歌えるくらいの運動強度で走る。心拍数でいうならば最大心拍数の、せいぜい60％〜70％くらいだ。有酸素運動能力の基礎を作るメニューだといわれていた。

しかし、ポールに言わせると、ただゆっくり長距離を走っているだけではダメで、強度を上げなければいけないという。ポールは、レースに近い強度で長時間走る「ペース走」というトレーニングに僕を連れて行った。ペース走の強度は、パワーを指標にする。その頃の僕の場合、平均して200wくらいだった。ポールはすでに、ずいぶんレースを勝っていた選手だから、彼と同じ強度で走れると強くなっているように感じられた。

同じ5時間の練習にしても、ＬＳＤとペース走ではまったく違った。こっちのほうがはるかにきつい。この強度で長時間走ることは、今まではまずなかった。シマノハウスに帰る頃にはへろへろになる。これを週2回ほど行い、あとは1分間や2分間のインターバルトレーニング［5］を、やはりパワーを指標にしながらやる。２００6年はずいぶんと距離を乗り込んだ1年になった。

このペース走が効いた。レースで最後まで脚が持つようになり、それまでは遠い目標だった完走が一気に身近になった。春先の石畳のレースは体重の軽さがハンディになっていたから相変わらず苦しかったけれど（体が飛び跳ねてしまう）、それ以外のレースはかなりを完走できるようになった。

もっとも、いきなりフィジカルが強くなるということはありえないから、レース経験を積んだことも大きかったと思う。レースというものが見えてきた。

どうやら、レースには流れがあるらしい。その流れに背くからちぎれてしまう。いくらフィジカルが強くてもだめで、流れに乗らなければいけない。

たとえば、不意に自分がいる集団の速度が上がり、一列棒状になる。すごく苦しい。今まではそこでちぎれていた。そんなスピードで走り続けるなんて考えられなかった。でも、それがずっと続くわけではないということがわかった。しばらく耐えれば、やがて落ち着いたプロトンに合流でき、脚を休めることができる。

5月くらいには、かなりこちらのレースに順応しつつある、という実感が出てきた。5月の頭、ドイツのフランクフルトで開催されたワンデーレースを完走した。アップダウンが連続する厳しいレースで、60人くらいしか完走していなかった記憶がある。どんどん人数を減らすプロトンに喰らいつくことができた。ステファノ・ガルゼッリ[6]が優勝して、2位がゲラルド・チオレック[7]。要はきついレースだったわけだけれど、このレースを完走したことで「何か」を掴んだ感じがした。フィジカル云々《うんぬん》ではなくって、ヨーロッパのレースを走るための「何か」を。

少し、自信が出てきた。

[1] 1983年〜。ドイツのレーサー。2013年ツール・ド・ルクセンブルク総合優勝。
[2] オランダのUCIプロチーム。2012年以前のチーム名はラボバンク。
[3] 1980年〜。オランダのレーサー。2013年ツール・ド・フランス総合13位。
[4] 選手の出力を検出するための機械。複数のメーカーから販売されており、計測方法はそれぞれ異なる。
[5] レスト（休憩）を挟みつつ繰り返し行うトレーニングメニューのこと。
[6] 1973年〜。イタリアの元レーサー。2000年ジロ・デ・イタリア総合優勝。
[7] 1986年〜。ドイツのレーサー。2013年ミラノ-サンレモ優勝。MTNキュベカ所属。

ひとりぼっち

同時に、他の日本人選手との温度差みたいなものを感じるようになった。相変わらず、皆憧れの先輩たちだったけれど、競技に対する意識のズレを感じることがあった。雅道さんみたいに仲が冷え切った訳でもケンカした訳でもないのに、なんとなく、違和感が出てきた。

みんな、どうしたいんだろう？

日本のメディアにたまに取り上げられることがあっても「土井選手が○○○位で完走。その前はあのアレサンドロ・ペタッキ[8]とか、そんな感じだった（もちろんスプリントじゃない）。ペタッキと並んでゴールすればみんなが喜ぶ。僕への期待はそんなものだった。

でも、僕はペタッキと記念撮影するためにレースに出たんじゃない。

孤独だけれど、やるしかない。僕は腹をくくった。

強くなる。それがすべてだ。

［8］　1974年〜。イタリアのレーサー。グランツールすべてでポイント賞を獲得した経験があるスプリンター。2007年、ドーピング陽性によって処分される。オメガファーマ・クイックステップ所属。

ストレス

5月、ツアー・オブ・ジャパン［9］に出るために日本に帰った。海外からも多くのチームが参戦する、日本で最も重要なステージレースだ。メンバーは、狩野さん、野寺さん、廣瀬さん、大内さん、品川さん、そして僕。チームオーダーは、狩野さんか僕で総合優勝を狙う、というものだった。

チームに入った2年前には考えられないことだった。ヨーロッパで走った1年半で、それだけ強くなっていた。けれど、自分の勝ちを狙って走るのは、それこそ大学生以来だ。僕は、今まで感じたことのない種類の緊張を感じていた。それは、あまり好きな感じのものじゃなかった。

2日目の奈良ステージで僕は逃げ集団に乗り、3位に入る。富士山をひたすら上る4日目の富士山ステージでは、7位。日本人としては5位に入った狩野さんに次ぐ2番目の成績だ。けれど、僕は不満だった。フィジカルの能力がはっきりと表れるヒルクライムは、そのまま強さの指標になる。それで2位。2年前ならば大喜びだっただろう。周囲も騒いでいた。けれど、僕はちっとも嬉しくなかった。いつの間にか、僕の中で強さの基準はヨーロッパのレースになっていた。

エースは狩野さんだったけれど、チームが僕にも成績を求めているのははっきりとわかった。それはストレスにもなった。

今までは、フミと競い合っていた高校時代のレースにせよ、30分でちぎれたベルギーのレースにせよ、僕はのびのびと走れていた。僕をアシストする選手は誰もいなかったから、プレッシャーがなかった。けれど、人にアシストされて走るのははじめてだ。もし結果を出せなければ、アシストの仕事も無意味になってしまう。嫌な焦りがあった。

この時だ。僕が、自分は人の背中を押すタイプの選手だと知ったのは。2004年に、真理さんや野寺さんのために走った時には達成感があった。相変わらずシマノで1番になりたいという気持ちは強かったし、実際、狩野さんを上回るリザルトを狙って走っていたけれど、何か噛み合わない走りだった。結局、狩野さんが総合4位で日本人1位、僕は総合7位で日本人2位という結果になった。

ツアー・オブ・ジャパンと同じくUCIのアジアツアーに含まれるツール・ド・熊野で

は山岳賞、栂池《つがいけ》ヒルクライムでは優勝した。去年の自分では、この成績は無理だっただろう。まだまだ国内にも上はいるけれど、成長を実感できた。

しかし、そのまま参戦した全日本選手権は、2周目の落車で終わってしまった。大きなケガはなかったけれど、もの凄く悔しかった。僕は、自分の中にある「日本一になりたい」という気持ちの強さに改めて気づいた。けれど、全日本はそう簡単に獲れるタイトルじゃない。

僕が日本一になれたのは、もう少し後のことだ。この年はフミが優勝し、ナショナルチャンピオンになった。

［9］毎年5月に行われる、日本最大のステージレース。東京から大阪までを8日ほどかけて走るUCIアジアツアーに組み込まれており、海外のチームも参加する。

アルノ・ワラード・メモリアル

自転車選手はきつくて危険な商売だ。

プロトンという〝社会〟にいると、感覚がマヒしてしまうけれど……。

自転車に乗っている間は、常に死の危険に晒《さら》されている。トレーニング中に車に撥《は》ねられる選手は少なくないし、レース中は落車のリスクも大きい。せいぜい20㎜強の幅しかないタイヤに7、8気圧もの空気を入れるから、自動車やバイクに比べてグリップは極めて弱い。コーナーリングの最中に小石を踏んだら、それだけで吹っ飛んでしまうこともある。雨の日なんか、ツルツルだ。

それでいて、山岳コースの下りでは時速100㎞を超える速度を出すことも珍しくない。プロでも、もの凄く怖い。最近ヘルメットが義務化されたけれど、体はほとんど丸裸に近いから、もし下りの最中に転んだら……。

そんなことは考えたくもない。考えたくもないけれど、だからといってゆっくり安全に下ることはできない。

これが僕らの仕事だから。

自転車から降りても、危険は残る。

2006年の春、同じチームにいたアルノ・ワラード［10］という選手が死んだ。ワラードはその日、練習の後に彼女とディナーの約束をしていた。レストランで落ち合うことになっていたので、彼女は車でレストランに向かっていた。

レストランに近づいたら、大渋滞で車がまったく進まない。道の真ん中で車が止まっていたせいだ。原因になった車をようやく追い抜きながら車内を見ると、真っ青になったワラードがいた。彼が渋滞の原因だった。その時、すでに心臓は止まっていたらしい。

毎年、何人かの自転車選手が突然死する。その原因のひとつとしてよく言われるのが、血液ドーピングの副作用だ。有酸素運動の能力を上げるために、ドーピングで人為的にヘマトクリット値[11]を上げると、血液がどろどろになってしまう。運動中はいいけれど、心拍数が落ちる睡眠中が危ない。血栓ができ、脳梗塞や心筋梗塞に繋がることがある。血液ドーピングの全盛期には、深夜にローラー台を回す選手がいたそうだけれど、それは心拍数を上げることで突然死を防ぐためだったと言われている。

ワラードも当然疑われたけれど、ドーピングをやっていたという証拠はない。クリーンなチームだったし、不幸な事故だったんじゃないかと思っている。プレゼンで会っただけで死んでしまったけれど、明るくて、日本人の僕にも優しい奴だった。

彼の死を悼んで、「アルノ・ワラード・メモリアル」というレースがオランダで開催されている。

[10] 1979年〜2006年。オランダのレーサー。
[11] 赤血球などの血球が血液に占める割合。男性の場合40%〜50%程度が多いとされる。

はちゃめちゃ

2006年は一気に強くなったシーズンだと言ったけれど、全日本選手権を終えてオランダに戻った頃から伸びが鈍ってきた。パワーデータにも、リザルトにも発展が見られなくなった。ひたすらペース走をやってきたけれど、頭打ちになったらしい。やり方を変える必要があった。まずは、日本に帰って息抜きだ。今年はそれなりに走れた。真っ暗だった去年とは違うオフを楽しめるだろう。

オフは大阪。毎日ひたすら遊んだ。クラブに行って、朝帰ったら少し寝て、夜になるとまた出かける。僕に限らず、自転車選手のオフはこんなものだ。普段ストイックな生活を強制される反動だろうと思う。みんなはちゃめちゃに遊ぶ。息抜きというよりは、もっと積極的な何かだった。

シーズンの終わりにいいニュースがあった。少しだけれど年俸が上がった。走りを評価されたんだろう。日本に帰ったら、中古でBMWのM3を買った。

その頃は大阪に彼女がいた。シーズン中はメールやスカイプでのやりとりだけで、会うことはできないから、僕が大阪にいるオフの2週間だけが2人の時間だった。クラブに行かない日はM3の助手席に彼女を乗せてドライブに行った。

年俸が上がったからというわけではないけれど、ちょっと奮発してフグの「てっさ」を食べに行ったことがある。皿の模様が透けて見える薄いてっさを、彼女は4枚も5枚もまとめて食べるものだから、僕はびっくりしてしまった。てっさはそう食べるものだ、ということだった。そういうところに惹かれていた。

年越しは、いつも山形の実家だ。中高時代の友達と鍋を囲むのが楽しみだったが、地元では誰もロードレースのことを知らないから、かえって気楽だった。

「土井ちょは、まだ競輪やってるの?」ある友達が言った。

それでよかった。オランダに行けばまたあの毎日がはじまるんだから。正月くらいはレーサーをやめて、ただの土井雪広に戻ってもいいだろう。

科学への入り口

2007年は、スペインのマヨルカ島での合宿ではじまった。日本人選手だけが、この地中海の島に集められて「LT走10分」とか、「85%の心拍数で山を上る」みたいな古典的なメニューを与えられた。僕らを強化したいという、チームの狙いがあったんだろうと思う。

ポールからパワーメーターを使ったトレーニング方法を聞いていた僕には古臭く思えたけれど、今思うと重要な、普遍的なトレーニングだった。LTとは、Lactate Threshold の頭文字。日本語では「乳酸閾値《いきち》」といい、これ以上運動強度を上げると疲労の目安になる乳酸の分泌量がいきなり多くなる、という領域のことを指す。ざっくり言えば、長時間の運動を続けられる上限の強度ということ。

日本みたいにレースが少ない環境では、特に大切な領域だ。レースやこういったトレーニングを続けている間はなかなかわかりにくいものだけれど、ここをサボると一気に独走力が落ちてしまう。LSDやインターバルばかりじゃだめなんだ。

トレーニング強度については、ポールに教わった部分が多い。ポールはチームドクターのヤンセンからトレーニングメニューを貰っていて、僕はそれを真似るかっこうになった。ヤンセンに薬関係の黒い噂があったことはもう話したけれど、彼は優秀なトレーナーでもあった（念のため補足すると、ポールに関してはドーピングの噂もないし、シューマッハみたいにヤンセンのところに入り浸ることもなかった）。

ポールに教わったのは強度だけじゃない。レース中の走り方も学ぶことができた。たとえば、日本人にはコーナーの立ち上がりでやたらともがく選手が多い。でも、基本的にその必要はない。どうせ大集団でいるんだから、多少順位を落としても大丈夫。それよりも脚を「溜める」方が大切だと知った。無駄に脚を使わないのは大切なテクニックだ。

2007年もトレーニングはポールと一緒に行く場合が多かった。前年同様、パワーを見ながらのペース走とインターバルを中心に大勢でのTTT（チームタイムトライアル）なども加わり、トレーニングはさらに高強度に、実践的になっていった。僕はさらに強くなった。その時気付いたのが、去年（2006年）の夏以降に伸びが鈍ったのは、オーバートレーニングだったんじゃないかということ。どうも疲労が溜まっていた気がした。オフで休みをとったことで、また成長のサイクルに入れたんだろう。

けれども、パワーメーターを使っていたとはいえ、この頃のトレーニングはまだ感覚に頼る部分が大きかった。科学的トレーニングの体制ができあがってからは、今言った疲労の程度すら数値で管理するようになる。

その意味では、ポールも僕も科学トレーニングの入り口に立ったに過ぎなかった。

オトナ

毎年メンバーが変わるシマノハウスに、今度は廣瀬さんがやってきた。どうも息が詰まる家だったけれど、明るい廣瀬さんが来たことで雰囲気が少し変わった。

いつも冗談ばっかり言っている廣瀬さんだったけれど、たまに、新しいチームの構想を僕に話すことがあった。故郷の宇都宮にチームを作りたいんだ、ということだった。「金は出すからさ、土井ちゃんも移籍してよ」なんて冗談を言われたりもした。その翌年、廣瀬さんはシマノを離れ、宇都宮ブリッツェンを立ち上げる。オランダに来た頃にはもう、頭の中にブリッツェンのことがあったんだろう。

シマノにとっては、2008年の北京オリンピックが目下の目標らしかった。らしい、というのは、僕にはあまり関心がなかったから。けれどチームにとっては一番重要な目標みたいで、僕らはことあるごとに北京、北京と言われ続けた。目標を押し付けられるのは、あまり好きじゃない。

僕のレースの結果はさらに良くなっていった。1月後半のタイのステージレース「Tour of Siam」では宮澤さんや幸也と一緒に乗った逃げが決まり、総合2位。2月のツール・ド・

ランカウイでも総合8位だった。この年は、出たレースのほとんどは完走できた。ヨーロッパに来た2年前とはなんという違いだろう。周りの有名レーサーへの気後れもなくなっていった。

「今年は調子いいじゃないか」というようなことを言われることが増えてきた。オランダ人の態度は実にわかりやすい。ダメならダメ、よければいいとはっきり言う。

失敗もした。狩野さんを怒らせてしまった。

ランカウイの総合でいい位置に浮上した時だったと思う。ボトルが手元になくなった僕は、傍にいた狩野さんに「ボトル取ってきてください」と頼んだ。これは、ちょっとありえない。今思えば、だけれど……。チームの先輩だったのはもちろん、日本トップクラスのレーサーでもあった狩野さんをボトル運びに使ってしまった。黙って取りに行ってくれた狩野さんは大人だったけれど、後で相当怒っていたと聞いた。

狩野さんにも、まだ謝れていない。

明け方の注射

変な経験もした。

ある、ヨーロッパでのレース当日の明け方。僕はふと、変な気配を感じて目を覚ました。すると、隣のベッドにいるチームメイトと目が合った。普通は寝ている時間だ。寝ぼけまなこの僕の目に、血で真っ赤になった彼のシーツが飛び込んできた。そして、手には注射器。お互い、一瞬固まってから不自然なあいさつを交わした。

「……おはよう」

「おはよう、ユキ」

僕は彼に背を向けて、もう一度ベッドにもぐりこんだ。出血は、目を覚ました僕にびっくりして針を引き抜いたからだろう。その頃の僕にはドーピングの知識は全然なかった。EPO[12]の存在すら知らなかったくらいだから。ただ、見てはいけないものを見てしまったことはわかっていた。僕は、本来の起床時間までまんじりともせず過ごした。次にベッドから出た時には、道具一式はなくなっていた。

その日のレースは、ヨーロッパでも珍しいくらいの暴風が吹いていた。集団内で大人しくしていた僕の耳に、彼が集団から飛び出した、という情報が入ってきた。単独で。この風の中を。

タイム差はどんどん開いているらしい。ああ、彼はこのまま勝つんだろうな、と僕は思った。彼の走りの秘密（かもしれない注射）を知っているのは僕だけだ。ホテルに戻ったらなんて声を掛けようか。

「おめでとう」？　白々しいだろうか。

ゴールまで戻ってきた僕は、リザルトを表示する電光掲示板を見て目を疑う。２位。ゴールが近づいた時、急に失速したということだった。そういえば、彼は２位が非常に多い選手だった。

２位の選手には、ドーピングコントロールがない……。

これが、僕がドーピングの可能性が高い「現場」を見た唯一の体験だ。噂は無数に聞いたけれど、隣のベッドで注射を打たれるのはなかなか重い経験だ。彼もシューマッハみたいにいい奴だったので何となく気が引けたけれど、ある時僕はチームのGMにこのエピソードを打ち明けた。「もし次、注射を打っているところを見たら教えてくれ」ということだった。僕がGMにチクったことと、彼がその後別のチームに移籍したこととは関係があるのかもしれないし、ないのかもしれない。

彼の注射器の中身が何だったかは今でもわからない。まさか、ビタミン剤じゃないだろう。レース当日の早朝にこそこそビタミンを打つ選手がいるだろうか？　一昔前まで主流だった覚せい剤というのも、今どき考えにくい。かといって、当時のドーピングの主流だったEPOでもないと思う。EPOは、打ってすぐに効果が出るような薬物じゃない。EPO

の保存には冷蔵庫が必要だが、ホテルの部屋には冷蔵庫がなかったような気もする。

彼は今も元気にヨーロッパで走っている。ドーピングの噂はちらほらあるみたいだけれど、日本までは届いていないだろう。

彼の打ったものが非合法の薬ならば、それはドーピングだ。

でも、薬に頼っているのは彼だけじゃない。ドーピングかどうかはともかく、薬物はプロサイクリストの「必需品」だ。

薬物。

サイクリストと切っても切れないもの。僕はこの頃、ようやくそのことを理解しはじめていた。

[12] エリスロポエチンのこと。赤血球の増産作用があるため、摂取すると有酸素運動能力が向上する

ジャンキー

2008年の夏、ツール・ド・リムザン[13]が終わった頃だったと思う。ゴールが近

くなると、チームメイトに限らず、周りの選手たちが「何か」を飲みだすことに気が付いた。ジャージのポケットから小さなフィルムケースのようなものを取り出し、その中の薬を飲む。ケースは、薬を入れるメディスンケースだった。取り出した薬は、カメラに映らないように、また他の選手に見えにくいように集団の最後尾でさっと飲む。

それまでは、プロトンでそういう行為が行われていることに気付かなかった。恐らく、完走で精いっぱいだったから、他の選手を観察する余裕がなかったんだろう。２００８年は少し余裕が出てきた年でもある。

最初は心配した。体調が悪い選手が、治療のために薬を飲むことがあるから。「大丈夫？調子悪いのか？」くらいのことは言ったかもしれない。そういう僕を、チームメイトは怪《け》訝《げん》な目で見た。今思えば、非常識な質問だった。

僕が薬の正体を理解するまでには、あまり時間はかからなかった。

ある時、チームのドクターが僕にＡ[14]、Ｂ[15]という2つの薬を渡して、こう言った。どちらも合法だから心配はいらない。Ａは〝痛み止め〟だ。ゴールの1時間前になったら、Ｂと一緒に飲め。

痛み止め、という彼の説明には違和感を覚えた。何か別のものなんじゃないか？　けれど結局、僕は言われた通りにした。

〝痛み止め〟は強烈に効いた。

薬を飲むのがはじめてだったせいかもしれない。乳酸でパンパンになった脚からは痛みが消え、興奮状態になった気がした。僕は、一番苦しいはずの最後の1時間を飛ぶように走り、上位でゴールした。自分の体に何が起こったのか、理解できなかった。

後でわかったことだけれど、AとBは当時WADA（世界アンチドーピング機構）の監視プログラム下[16]にあった薬だった。つまり、「ドーピングには相当しない」。しかしアスリートによる乱用が認められたAは後に、一定以上の量は使用が禁じられるようになった。今はもう使われていないはずだ。Bは今も監視プログラムの下にある。

その後、僕は色々な薬物の存在を知ることになる。すべて、少なくとも当時は、〝合法〟だった。

薬は膨大にあった。脚が攣ることを予防する薬、攣った時に飲む薬、有酸素運動能力を上げる薬、脚が痛くなってきたら使う薬……。同じ痛み止めでも、すぐに作用が現れて消える薬もあれば、長時間効果が続く薬もあった。こういう薬を〝Cocacase《コカケース》〟と呼ぶケースに入れて、僕たちはレースに臨んだ。

血管を広げる効果がある、とかいう薬の噂も聞いたことがある。結局名前はわからなかったけれど、血流が悪くなるレース後半に飲むらしい。血圧が下がるので、パワーは落ちるという話だった。じゃあ何の目的で使うのかというと、よくわからない。これも脚が攣ることを防ぐんだろうか。

ＡとＢは、その頃の選手のかなりは飲んでいた。当時はＡとＢ、あるいはＡとＢに似た効果を持つ薬を組み合わせて飲むのが定番のメニューだった。Ａの類の薬を、僕らは、“Pain killer”《ペイン・キラー》と呼んでいた。文字通りだ。脚の痛みを吹き飛ばす。

Ｂは、心身のパフォーマンスを上げる。これを飲むと、ぶっ飛んだ。本当は運動をしていない状態で飲むのは良くないんだけれど、たとえば、スタートしてすぐに逃げる、というチームオーダーがあったり、走り出してすぐに上りがあるようなコースの日は、レース前に飲むこともあった。Ｂは今もドーピングにはあたらない薬だけれど、今のヨーロッパでは新しく登場した別の薬に主役の座を奪われたと聞いた。それがなんという薬かは知らない。

Ｃ[17]という薬もあった。これも後に監視プログラムに入った。

Ｃは末期ガンの患者にも使われる、めちゃくちゃに強い鎮痛剤だ。量によってはモルヒネ並みの効果がある。レースの終盤、苦しい局面では、脚がものすごく痛くなる。でも、Ｃはその痛みを吹き飛ばす。だから、そこからさらにペダルを踏んでいくことができる。

痛みは、体が発するサインだ。それを打ち消してさらに無理をするということは、体にとって害があるに決まってる。僕がここで薬の名前を隠したのも、バカな奴が真似をするといけないから[18]。

ドクターにはじめてCを渡された時のことを思い出す。彼は、この薬は「Very dangerous」だと言った。「ユキ、これを飲んでいいのは本当にきつい時だけだ」。実際、Cにはたくさんの副作用があり、中には命に関わるものもある。だから、Cは錠剤だったけれど、1日2錠が上限だと言われていた。

でも、こういう薬を飲んでいる選手と飲んでいない選手とでは、他の条件が同じならば勝負にならない。合法の薬でもそのくらいの効果はあった。だから、ほとんどのプロは使っていた。たとえば、2011年のツールである選手がラルプ・デュエズを上るステージを獲ったけれど、その時の彼はCを3錠飲んでいたという。レース後、彼は副作用に相当苦しんだらしい。

僕も、こういう薬を飲むことに対して恐怖はなかった。もちろん、快感を得るために飲んでいたんじゃない。

レーサーとして〝仕事〟をするためだ。

僕が把握できた薬は、それでもせいぜい10種類程度。実際は、それよりも遥かに多い種類の薬が使われていた。日本では手に入らない薬が多いし、今の僕は日本のチームで走っている。だから、今のヨーロッパでどういう薬が使われているかは知らない。

薬を巡る状況は日進月歩だ。去年まで合法だった薬が今年はドーピングのリストに載ったり、あるいはその逆もある。2002年に、ファビアン・ウェーグマン[19]の兄であるクリスチャン・ウェーグマンがカフェインの陽性反応を出すスキャンダルがあった。それは、当時はカフェインが禁止薬物だったから。でも2004年にはカフェインはリストから外れて、監視プログラムに移行した。

オスカル・ペレイロやアレサンドロ・ペタッキのドーピング疑惑で話題になった気管支拡張剤のサルブタモール[20]も、今の使用基準はかなり緩くなっている。その一方で、Aみたいに厳しく取り締まられるようになった薬もある。

この10年だけでも、薬を巡る状況は大きく変わったはずだ。

そもそも、レースを見ている人ならわかるだろうけれど、僕がいたシマノは非常にクリーンなチームだ。ドーピングスキャンダルからは、もっとも遠いところにいたチーム。特にアルゴス・シマノになってからは、新しく来たドクターが極めて厳しいアンチ・ドーピングの姿勢を打ち出していたから、なおさらだ。

それでも、これだけの〝薬〟が使われていた。

僕たちが飲んでいるような薬は、他のチームも当たり前に飲んでいたし、知っていた。でも、その逆のパターンは少なくなかった。さっきの「血管を広げる薬」じゃないが、他のチームが飲んでいる薬の正体を、僕たちが知らなかったことはよくあった。

あるレースで、僕はいつもの薬を飲んでいた。そうしたら、たまたま傍にいた他チームの選手が笑って言った。

「お前たち、まだそんな薬を飲んでいるのか?」

プロトンは薬漬け《ジャンキー》でもあった。

［13］毎年8月にフランスで行われるステージレース。2012年、新城幸也が総合優勝を飾った。

［14］覚せい剤の原料のひとつ。風邪の症状に効果がある薬にも含まれている場合がある。WADAの監視プログラム下で動向を調査されていたが、乱用の傾向が見られたため一定以上の量の使用は禁じられた。

［15］覚醒作用、鎮痛作用などがあり、医薬品に含まれていることもある。日本では、薬事法において一定以上の量を含むものが劇薬に指定されている。現在、WADAの監視プログラム下に置かれている。

［16］WADAが、アスリート間における使用状況を把握するために策定する薬物の一覧。監視プログラム下にある薬物は禁止薬物ではないが、将来的に禁止薬物に指定される可能性はある。

［17］鎮痛効果があり、癌患者などに対して処方されることがある。多くの副作用があり、投与に関する禁忌も多い。現在、WADAの監視プログラム下に置かれている。

［18］A、B、Cいずれも副作用があり、特に、大量の発汗・心拍数の向上などを伴う自転車競技中の摂取は大きな危険を伴う。

[19] 1980年〜。ドイツのレーサー。2007年のジャパンカップで2位に入っている。ガーミン・シャープ所属。

[20] ペタッキからは2007年のジロ・デ・イタリアで規定量以上のサルブタモールが検出され、後に出場停止処分が下った。ペレイロからも2006年のツール・ド・フランス中にサルブタモールが検出されたが、TUE（治療目的使用の適用措置）が認められ、処分は下らなかった。ペレイロは同年のツールを総合2位で終えたが、1位のフロイド・ランディスがドーピングにより優勝を剥奪されたため、繰り上げで優勝者となった。

普通じゃない

プロトンのほとんどの選手がレース中に薬を飲んでいる、と聞いても信じられない人が多いかもしれない。そんな場面はテレビには映らない。

当たり前だ。皆、カメラを避けて飲んでいる。プロにとって、カメラに映らないようにするのはそれほど難しくない。

たとえば、テレビで澄ました顔で集団を引く選手の横顔を見たことがある人は多いと思う。でも実は彼らは、自分がカメラに撮られていることをはっきりと知っている。

バイクカメラは大きい。重いんだろうと思う。だから、映像がヘリコプターからの空撮などに切り替わっている間は、バイクのカメラマンはカメラを下ろしている。逆に言えば、肩にカメラを担いでいる間だけが、近距離で撮影される時間だということ。

選手たちは、そのことをよく知っている。

レースの終盤、ゴールまで1時間くらいのところでカメラが下を向くと、忙しくなる選手たちがいる。

薬の時間だ。

合法の薬ならば堂々と飲めば良さそうなものなのに、なぜかみんな避ける。慣習的なものが大きいのかもしれないけれど、中には後ろめたいものを飲んでいる選手がいるせいかもしれない。

後ろめたい、非合法の薬を使うのがドーピングだ。

誤解を恐れずに言えば、ドーピングという手段があることは、プロトンでは一種の常識にすらなっている。僕は「これは100%ドーピングだ」という現場に出くわしたことはないけれど、日本でも人気の超有名選手も含めて、噂は無数に聞いた。さっきの注射器野郎も含めて、そのほとんどは捕まっていない（ドーピングが発覚し、処分されることを僕たちは「捕まる」という）。陽性反応が出たっていう話すら聞いていない。

いつだったか、あるトレーナーと一緒にぼんやりレースを見ていたら、急に彼が笑い出した。画面を見ると、ある選手が上りでブラッドリー・ウィギンス[21]をちぎるところだった。「こいつにこんな走りができるわけがない」とトレーナーは笑っていた。彼は昔、その選手と仕事をしたことがある。「こいつのパワーのデータは全部持っている。この走りは普通じゃない」。その後、その選手が陽性反応を出したという話は聞かない。ただ、彼は「普通じゃない」ことで有名な選手のひとりだった。こんな話はいくらでもある。

別のある有名選手も、プロトンでは「普通じゃない」ことが知られている選手だ。僕は昔、彼と世界選手権の前に一緒に走ったことがある。何が彼を「普通じゃない」選手にしているのかもの凄く気になったけれど、さすがに直接聞くことはできなかった。その数日後に行われた世界戦で、彼は勝利した。彼ももちろん、捕まっていない。

ドーピングは、今も昔も大声で話すような話題じゃない。プロトンの中で、ひそひそ話で広まっていく。でも、そういう噂話をする選手たちだって、ドーピングリストにはない、なんらかの薬を飲んでいる可能性は高い。

2013年のジロで、ダニーロ・ディルーカがEPO陽性反応を出したのには呆《あき》れてしまった。過去に2度もドーピングで処分されているのに、またやった。理解不能だ。依存性でもあるんじゃないだろうか。

けれど、薬に頼っているのは彼だけじゃない。

[21] 1980年〜。イギリスのレーサー。2012年、イギリス人選手としてはじめてツール・ド・フランスを制した。チームスカイ所属。

北京オリンピック前年

10月の後半には大阪に帰る。オフと、毎年恒例のシマノ詣でのためだ。本社で、ちょうど就職試験の面接みたいな感じで、社員の人と話をする。僕はUCIポイントも稼げているし、また年俸を上げてくれるという。

とにかく、なにがなんでもオリンピックに出ろ、ということだった。申し訳ないが、僕はどうでもよかった。けれど、社員に対して選手が何か言うことは難しい。言っても相手にはされないだろう。僕は大人しく契約を済ませて、年を越すために山形の実家にもどった。

僕が走りたいのはオリンピックよりも、ヨーロッパの伝統的なレースだ。一方で、会社からのプレッシャーは大きかった。僕が強くなったことが、ここではむしろマイナスに働いていた側面もある。

僕は会社の意向と自分の意思の間で板挟みになっていた。その時の僕はまだ、25歳の若者に過ぎなかった。吹雪のレースには耐えられるようになったが、人間相手のストレスにはまだ弱かった。

僕は、ちょうど苦しいレースでちぎれていく時のように、自分の心が限界を迎えつつあることを感じていた。肉体は、しばらく休めば回復する。でも、心はそうではないし、鍛え方も知らなかった。オランダには、友達も彼女もいない。

「面接」を終えたあと、僕は自分の頭に10円玉大の禿を見つけた。

ふらふら

2008年、僕の心はずっとざわついたままだった。誰でも同じかもしれないけれど、

3、4年に一度、こういう年がある。

フミがディスカバリーチャンネル［22］から移籍してきた。でも、僕とは少し扱いが違う。それまでの僕は、シマノの契約社員として走っていた。毎年シマノ本社に行っていたのは、契約社員としての契約を更新するため。

けれど、フミはシマノではなく、チームとの契約だった。他の外国人選手も同じ。チームメイトとはいえ、置かれている立場は違う。

僕はシマノから給料を貰っている以上、その意向に沿ってオリンピックを最大の目標にしなければいけないし、日本のレースも走らなければいけなかった。けれどフミは違う。（本人の意向を別とすれば）オリンピックはどうでもよかったし、日本のレースを走る必要もない。

会社に左右されるのはもう嫌だった。シマノに限った話じゃないけれど、日本では、選手は基本的に会社にリスペクトされていない。命懸けで走っているのに、上からものを言われ続けることには耐えられなかった。自分の目標くらいは、自分で決めたかった。

ちょうどそんなタイミングで、今西さんから僕にもチーム契約の話が来た。日本のシマノ本社からは離れ、フミや他のチームメイトみたいにチーム・スキル・シマノと直接契約する。ヨーロッパでのレースに専念できることになる。本当なら、願ったりかなったりのはずだった。

けれど、僕の神経は完全に参ってしまっていた。頭の禿が、人にわかるくらいに大きくなっていた。限界だった。シマノから離れたい。

衝動的に、愛三工業レーシングチームの西谷（泰治）[23]さんに電話をした。

「シマノを辞めたいです。愛三で走らせて貰えませんか？」

西谷さんはびっくりしつつも愛三の監督とつないでくれて、とりあえず日本で会うことになった。2008年の9月のことだ。

愛三の本拠地は愛知県にある。監督に合ったのはファミレスだったと思う。話はとんとん拍子に進んだ。当然だ。2009年から愛三の一員として走ることが決まり、別れた。1時間くらいしか話していないと思う。

愛知は少し遠かった。また大阪まで帰るのには、車で3、4時間はかかる。左手に伊勢湾を見つつ、高速道路をひた走った。

夕方の伊勢湾は綺麗だった。僕は、誰にも相談せずに愛三入りを決めていた。家族とも。おとんとおかんはびっくりするだろうか。彼女はきっと喜んでくれるだろう。今西さんには、ちょっと申し訳なかったかな。でも、ロクに言葉も通じないチームメイトに囲まれて死ぬ思いでレースを走る生活はもう終わりだ。日本には石畳も吹雪もない。注射まみれのジャンキーもいないだろうし、人間らしい生活に戻れるだろう。

僕はハンドルを握りながら、ほっとしていた。ヨーロッパは、もういい。3年ヨーロッパで走ってこれだけ強くなったということは、もう天井が見えたということでもある。残念ながら僕は、グランツールを走るような選手じゃなかったということだ。日本に帰れば友達も両親もいるし、国内のレースならば勝ちを狙える。そこで2、3年走って小銭を貯めたら、適当なタイミングで引退しようか。20代ならば、まだ職はあるだろう。ハクも付いた。「本場ヨーロッパの有名レースを経験した土井雪広」「ペタッキと並んでゴールした土井雪広」が、日本の小さなプロトンで尊敬されつつ走る姿が見える……。

強烈な違和感に襲われた。

それは違う、と思った。俺は、何を考えていたんだろう？　有名選手と並んで走るためにヨーロッパに行ったわけじゃないだろう。何か、満足できる結果を出せたのか？　僕は、シマノからのプレッシャーを理由に自分に嘘を付いていたことに気付いた。本当の自分は、ヨーロッパで走りたがっていた。

もっと速く、もっと強く。

僕はもの凄い勢いで車をＰＡに突っ込むと、すぐに今西さんに電話をした。

「スキル・シマノと契約します。よろしくお願いします」

何てことはない。25歳の若者が、プレッシャーから自分を見失ったというだけの話だ。でも、若者なら誰にでもあることじゃないだろうか？　そういう時こそ、人は前に進めるということに最近気がついた。大学を辞めた時もそう。そして去年、日本に帰ってきた時も。苦しい。けれど変化の年だ。自分を騙さないことで、正しい答えに近づくことができる。この時日本に戻っていたら、今頃自転車なんてやっていなかっただろう。

〔22〕アームストロングが所属していたチーム。2005年にUSポスタルサービスに代わりチームのメインスポンサーとなり、アームストロングのツール7勝目（後に剥奪）を支えたが、2007年いっぱいでチームは解散した。

〔23〕1981年〜。日本のレーサー。2009年全日本選手権優勝。2011年ジャパンカップ2位。愛三工業レーシング所属。

マライン・ゼーマン

僕にはそれまで、トレーナーはいなかった。チームメイトからの情報を参考にしながら自己流のトレーニングをしていたが、スキル・シマノではトレーナーが付き、徹底した科学トレーニングが行われるということだった。

マライン・ゼーマン。

僕を最も強くした人。同時に、僕を最も苦しめた人。はじめてゼーマンからメールを貰ったのは、2009年の1月だった。

「はじめまして、ユキ。トレーナーのゼーマンです。以下に、ユキの現時点でのフィジカルデータと、向こう一カ月のトレーニングメニューを記します」。メールには、訳のわからないエクセルの表が付いていた。

こうして、僕の人生で最も濃い3年間がはじまった。

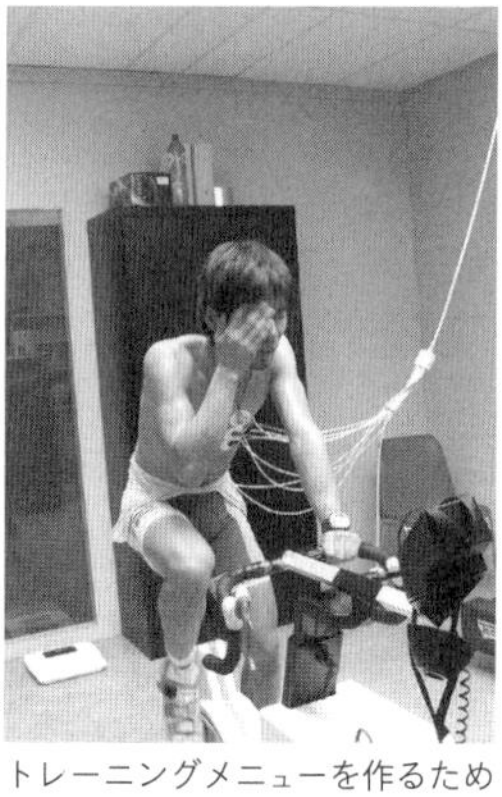

トレーニングメニューを作るためのフィジカルデータを採取する

第4章

成長

2009年のシーズン、僕がスキル・シマノと契約すると同時にトレーナーが付いた。僕にトレーナーが付いたのは、これがはじめてだった。ゼーマンはチームディレクター（日本語でいう監督）とトレーナーを兼任していたけれど、僕は彼を、監督としてよりもトレーナーとして記憶している。

白衣こそ着ていないけれど、トレーナーは科学的トレーニングを実践する科学者だ。彼らの評価は、どれだけ強い選手を作れたかどうかで決まる。僕たちは自転車に乗るモルモットみたいなものだ。僕らが強くなればなるほど、彼らの地位は上がっていく。ゼーマンはトーマス・デッケル［1］なども担当していた優秀なトレーナーだった。

体調やフィジカルの能力には個人差があるから、トレーナーは、選手ひとりひとりに異なったトレーニングメニューを与える。だから彼らの仕事は、

選手個人の状態を厳密に把握することからはじまった。

それまでに僕は、軽いテストをさせられていた。20分間の全力走。オフ明けだと、まだ320wくらいだったと思う。ゼーマンはそのパワーを基に、トレーニングプランを作るということだった。

送られてきたトレーニングメニューは圧巻だった。トレーニングの強度（ゾーン）を5段階に分け、それぞれの実施時間と回数を記してある。すべては時間と強度で決まる。この時から、僕のトレーニングから「距離」という概念が消えた。

トレーニングは、いわば肉体の「破壊」だ。体を適度に壊し、その後回復させることで破壊前よりも強靭にする。しかし、問題は「破壊の程度」だ。やりすぎるとオーバートレーニングになり、強化のサイクルから外れてしまう。科学トレーニングは、破壊の程度を数値で厳密に管理することでオーバートレーニングを防いでいた。

その効果は絶大だった。そして苦しかった。毎日、限界まで追い込む。家に帰りつく頃にはフラフラになっている。「明日は無理だ、もう走れない」。毎日そう思いながら寝た。

ところが、トレーニングメニューはよくできている。決して僕の能力の限界を超えないように、メニューは作られていた。オーバートレーニングで体を壊してしまったら元も子もない。僕が耐えられるぎりぎり上限のメニューが、毎日準備されていた。命を搾り取られるようだった。

「もうダメだ」と思うこともよくあった。明日は与えられたメニューをこなせそうにない。そういう時は、ゼーマンに連絡する。すると彼は、僕のデータを再検証する。体重、血液、パワー……。また、定期的に疲労の度合いを計る特殊なテストもやっていた。そういうデータの一切を確認するらしかった。

そうやってゼーマンから来る返事は、大概、僕を絶望させた。

「ユキ、君は疲労していない。今の状態は、メンタルに起因するものだ。明日も通常通りトレーニングするように」

そして彼の言うとおりだった。人間の主観なんて頼りにならない。ゼーマンは、僕よりずっと僕の肉体に詳しかった。

今まで、トレーニングでこんなに苦しんだことはなかった。高校時代にも距離を乗り込んだことはあったけれど、そんなもんじゃない。ゼーマンは「科学的に」僕を苦しめていた。僕の体が崩壊する、その寸前のメニューを毎日与えることで。それまでのように、トレーニング中に笑いが起こることはほとんどなくなった。

1月のオランダは寒い。この年は特にそうだった。長時間のトレーニングが予定されていたある日、異常な寒さと音に目が覚めて温度計を見ると、気温はマイナス8℃だった。

外では、雹《ひょう》が降り注いでいた。僕はすぐにゼーマンに電話した。

「ゼーマン、氷が降っている。気温は零下だ」

「それは困ったな」と彼は言った。

「ボトルが凍ると脱水になる。ポケットに入れて走るといい」

彼は決してサディストではなかった。仕事に忠実なだけだ。オランダの天気はしょっちゅう荒れたが、天候や気温を理由にトレーニングメニューを変更したことは一度もない。彼が、よくこんなことを言っていたのを思い出す。

「サイクリストは苦しい職業だ……苦しむのが仕事なんだよ」

まったく違う新しい世界に来たと感じていた。そして僕はどんどん強くなっていった。

この頃から、僕は頻繁にブログを更新するようになった。日本のファンの、サイクルロードレースへの情報不足を痛感し、彼ら彼女らにもっとこの競技を知ってもらいたかったから。その思いはやがてこの本に行きつくことになるのだけれど、ブログに関しては、ひとつだけルールを作っていた。

弱音は書かない。

パソコンの前の僕は、いつも明るく振る舞っていた。零下の雨の中を5時間走った後も。

［1］　1984年～。オランダのレーサー。2006年ティレーノ～アドリアティコ総合優勝。2009年、2007年の尿サンプルからEPOが検出されたため処分される。ガーミン・シャープ所属

ユイの壁

短い間だけ一緒に家にいたフミがフランスに帰り、1人暮らしがはじまった。

定期的にゼーマンからメールが届く。件名には「Doi」とだけ書いてあって、僕の直近のパワーデータと詳細なトレーニングメニューが添付されていた。近くに住んでいたオーストラリア人のミッチェル・ドッカー［2］と一緒に行くことが多かったけれど、実際はパワーメーターを相手にトレーニングをしていたと言ったほうが正しい。数字が僕の目標で、ライバルでもあった。

フィジカルはパワーメーターで鍛えられるが、メンタルはそうはいかない。しかしヨーロッパ暮らしも4年目だ。メンタルも、だいぶ鍛えられた。

ヨーロッパのレースでは、信じられないことがたくさん起こる。平坦基調のレースでは、1時間も時速50km以上で走り続けることもあった。そんなスピードでも、位置取りは激しい。僕は実に色々な言葉で罵られた。ヨーロッパのすべての言語で罵倒されたんじゃない

かと思ったくらいだ。

そんな時、僕は決まって日本語で怒鳴り返した。こうすれば、意味の分からない相手は一瞬ひるむ、ということを僕は学んでいた。英語じゃこうはいかない。

また、ヨーロッパの選手は、下りでも全力で踏むことが多い。速度が時速100kmを超え、回せるギアがなくなると、姿勢を低くして空気抵抗を減らし、さらに加速していく。ホイールが聞いたことのない風切音を発し、バイク全体が震えはじめる。そんな状態で、小石を踏んだのか、段差のせいか、タイヤがふわっと浮いたことが何度かあった。僕は、頭のてっぺんからつま先までの全身から汗が噴き出るのを感じた。ヒルクライムの最中とは違う種類の汗だ。そんなレースでのゴールの喜びは、生還の喜びだ。

「今日も生きて帰れた。けれど、明日はわからない」


3月、チームがツール・ド・フランスのワイルドカードを手に入れたというニュースが飛び込んできた。チームは湧いた。

ツール・ド・フランス。

サイクルロードレースの頂点であり、すべてのサイクリストの夢でもあるツール。どのレーサーも、走りはじめた頃はツールを夢見る。道が見えないほどの大観衆に囲まれて上るラルプ・デュエズ。凱旋門を遠目に見ながら駆け抜けるシャンゼリゼ。

ひとつでもステージ優勝を挙げることができれば、一生チーム探しには困らないと言われる。総合優勝、つまり一番短いタイムでシャンゼリゼに帰ってくることができた選手は、スポーツの歴史に永遠に名前を刻むだろう。

ツールはあまりに高みにあるので、口に出すことすら憚《はばか》られる。実際、僕もそうだった。けれど、今やファンが僕に求めているものは明らかだった。だから、ブログやメディアに対しては「ツールの出場を目指す」と公言した。夢を壊すことはできなかった。

しかし、はじめから出場は難しいとわかっていた。もし出られても、自分にできることは少ないだろう。日本人が出るならば、僕ではなくフミになるはずだ。その年、フミはなかなかの走りをしていた。

それよりも、僕の意識は4月のフレッシュ－ワロンヌやリエージュ－バストーニュ－リエージュに向いていた。短く、厳しい坂が特徴の、「アルデンヌ・クラシック」[3]と呼ばれるワンデーレースだ。歴代の優勝者には、グランツールで優勝争いをする選手も多い。

それまでに、パワーデータの解析から僕の強みは短時間の「パワーウェイトレシオ」[4]の大きさにある、ということが見えてきていた。体重あたりのパワーを意味するパワーウェイトレシオは、上りでの強さの指標になる。

春の時点で、2分間の出力は600w近くに届いていた。体重は50kg台後半。ゼーマンによれば、このパワーウェイトレシオはかなりのものだという話だった。もっとパワーウェイトレシオが上がれば、20位以内でのゴールも夢じゃないという。

フレッシュ－ワロンヌ当日の体調は悪くなかった。逃げに乗ったフミのために、他チームの選手のアタックをチーム一丸となって「潰し」ながら進む。勝負が「ユイの壁」で決まることはわかっていた。長さ1・3km、平均勾配10％弱の短く急な坂だ。レースは、この坂を3回上る。3回目のユイの坂を先頭で上りきった選手が優勝だ。

最後のユイの坂が近づくにつれ、集団の速度が上がる。フミがどこまで逃げられるか少し気になったけれど、気が付いた時には吸収されていたようだった。僕はカデル・エヴァンス［5］を見つけるとマークした。エヴァンスはグランツールの総合優勝を狙うオールラウンダーだが、アルデンヌ・クラシックも狙ってくる選手だ。グランツールでもクラシックでも、表彰台の常連であるエヴァンス。雲の上の存在？

同じレースに出ている以上、いち選手でしかない。ビビるな。

登場する坂はどれも狭いから、突入前の位置取りは激しい。最後のユイが近づく頃には、肘をぶつけあう肉弾戦になっていた。罵声がむしろ、心地よかった。

僕の脇を、アシスト選手を従えたダミアーノ・クネゴ［6］が上がっていった。彼ももちろん優勝候補だ。エヴァンスの調子は悪いのかもしれない。クネゴのトレインに乗り換えるべきか？

この逡巡が命取りだった。クネゴはあっという間に見えなくなり、僕は集団に取り残された。エヴァンスもいつの間にか消えていた。

全身に激痛が走り、痙攣しはじめる。苦しい時の症状だ。僕はあえぐように最後のユイを上り、141位でゴールした。優勝はレベリン。クネゴとエヴァンスは3位と5位だった。逃げたフミの走りは素晴らしかった。

これが今の実力だ。全力は出し切ったが、クネゴのように走ることはできない。

そのすぐ後のリエージュでは、途中リタイアだった。

［2］1986年〜。オーストラリアのレーサー。オリカ・グリーンエッジ所属。

［3］4月後半に、ベルギー南部を中心に行われるクラシックレースのこと。一般的にはアムステルゴールドレース、フレッシュ-ワロンヌ、リエージュ-バストーニュ-リエージュの3つを指す。厳しいアップダウンが特徴で、4月前半に行われる、平坦路の荒れた石畳が特徴の「北のクラシック」とは異なるタイプの選手が活躍する。

［4］体重あたりのパワーのこと。重力の影響が少ない平坦ではあまり重視されないが、上りでは重要な指標となる。たとえば、350wのパワーを出せる体重80kgの選手と300wのパワーを出す体重60kgの選手とを比較すると、パワーは前者のほうが大きいが、パワーウェイトレシオは後者のほうが大きくなる。

よって、平地では前者が、上りでは後者のほうが有利になる。

［5］1977年〜。オーストラリアのレーサー。2011年ツール・ド・フランス総合優勝。2009年の世界戦で優勝するなど、ワンデーレースでの勝利も多い。BMCレーシング所属。

［6］1981年〜。イタリアのレーサー。2004年ジロ・デ・イタリア総合優勝。ランプレ・メリダ所属。

妬み下手

そのうち、ツールのメンバーがわかってきた。案の定、僕は入っていないようだった。

チーム内がざわついてきた。セレクションでは、チームメイトが敵になる。ツールのメンバーに選ばれるかどうかは、選手人生の一大事だ。とくに、スキル・シマノはプロコンチネンタルチームだから、毎年出場できる確約はない［**7**］。このチャンスは何としても掴みたいはずだ。

それまで、ツールに出た日本人は今中大介さんだけ。完走はしていない。日本からの目線は「誰がツールに出るか、誰がはじめて完走するか」に集中していた。フミか、僕か。

フランス人チームにいる幸也は難しいかもしれないが……。

ツールは確かに特別だけれど、レースはそれだけじゃない。ジロやブエルタも、また、フレッシュ－ワロンヌのようなワンデーレースも大きな価値を持つ。しかし、ツールが終わったらレースを見なくなってしまう人も多い日本人には、わかりにくいだろうという気持ちもあった。だから僕はずっとツール出場を狙うと公言していたし、メンバーに落選した時はがっかりした、ということにしておいた（実際残念だったのは確かだけれど）。

でも本当は、落胆はあんまりなかった。レースを走れていたから、というのも大きい。オリンピックのプレッシャーからも解放されていた。

もし出場できても、何ができるかわからないツールよりも、脚を残せれば上位に食い込めるかもしれないフレッシュ－ワロンヌの方が僕には魅力的だった。ただ走るだけでは意味がない。日本のファンとの温度差を感じはじめたのもこの頃だ。

フミの出場が決まったのは嬉しかった。ずっと、そのために努力してきたことを知っているから。それよりも驚いたのは幸也の出場だ。フランス人ばかりのチームであるブイグテレコムに入ってしまった以上、出場は難しいと思っていた。しかも加入1年目。「才能の塊」としての幸也が、いよいよ本領を発揮してきた。

世の中には「妬み上手」の選手がいて、他の選手との位置を常に意識することで、モチベーションを作るみたいだ。これも才能だけれど、僕にはない才能だ。

それでもいい。僕は僕のやりたいことをやる。

科学トレーニングによるフィジカルの伸びはまだ続くだろうし、アシストとしての仕事もますます楽しくなってきた。その頃台頭してきたチームメイトのスプリンター、ケニー・ファンヒュメル[8]を勝たせることができた日は、自分が勝ったようだった。

6月のツール・ド・ルクセンブルクには、かなり良い状態で臨んだ。特に、アップダウンのある第2ステージは僕向きだ。エースのジョナタン・イヴェール[9]を守りつつ前方に位置どっていると、ゴール前15kmくらいでアンディ・シュレック[10]がアタックした。地元のレースでもあり、狙っているツールの前哨戦でもあるこのレースで、アンディのモチベーションは高かった。僕は彼のアタックに反応して形成された8人の小集団に入る。しかし後続とのタイム差は小さい。振り返ると、アンドレアス・クレーデン[11]などツールで優勝を狙うような選手が歯を食いしばって追ってきていた。彼らもまた、ツール直前の重要なレースであるこのレースを本気で狙っているのだった。

最後のコーナーを抜け、短い上りに入った瞬間、アンディがまたアタックをした。僕もまた全力でペダルを踏むと、アンディの後ろに入ることができた。アタックを繰り返したアンディは消耗している。ゴール前でアタックし、まくれば勝てる……。

しかし、このレースで上位に来るような選手は、みなクレバーだ。僕の狙いは見抜かれていたらしい。僕のアタックを待っていた彼らはゴール前200mで僕のスリップストリームから抜け出し、ゴールに殺到した。勝ったのはアンディで、僕は8位。クレーデンには抜かれずに済んだ。この面子を相手にするレースで一桁ゴール。出来過ぎなくらいだ。でも、この結果も日本のメディアでは「土井はツールのセレクションに向けて有利な材料を手に入れた」という報道になってしまう。それは一面の事実ではあるけれど、すべてじゃない。僕はこの結果そのものに満足していたから、レース直後に来たツールのメンバー落選の知らせには落胆しなかった。

8月、フミは、幸也と一緒に日本人としてはじめてツールを完走した選手となって帰ってきた。しかも、最終日、シャンゼリゼでの敢闘賞をお土産にして。バーベキューをしながら、酔っぱらったフミが見せてくれた敢闘賞の盾は美しかった。さすがツール。

ツールで逃げて敢闘賞を獲る。しかも、最終日のシャンゼリゼで。

これは普通の選手にはできないことだ。普通でないといえば、マーク・カベンディッシュ[12]たちとスプリントをして、5位に食い込んだ幸也もそう。2人が当たり前のように（実際はまったく当たり前じゃないが）ツールを完走したことで、日本のファンの感覚が狂ってしまうんじゃないかということをちょっと心配している。

グランツールで逃げたり、賞をとったりというのは、日本のファンが思っているよりもずっと大変なことだ。

フミや幸也がツールを走っていた頃、僕は中国のステージレース、ツアー・オブ・チンハイレイクでひどい目に遭っていた。初日のＴＴでスタート台が壊れ、僕は一回転して頭から落ちた。

脇腹が痛く、呼吸が苦しい。肘も腫れてきた。「脚は大丈夫そうだ」と思いつつ５km走り最下位でゴール。脚だけでも残れば翌日も走ることはできる。

翌日、翌々日とステージを重ねるにつれ、痛みはどんどん増した。肋骨が折れていた。呼吸が苦しい以上、速く走ることはできない。僕は標高３０００ｍを超える中国の高地を、エサをねだる鯉みたいにパクパクしながら走り続けた。そのひと呼吸ごとに折れた肋骨が動き、走れば走るほど痛くなる。

腕の痛みもひどく、ダンシングはできない。胸の痛みをかばいつつ走っていると、首も肩も猛烈に痛くなる。食いしばる歯まで痛くなってくる。

今頃、フミと幸也は日本からの大声援を受けながらフランスを走っているだろう。僕は、あえぎながら中国の奥地を走っている。

それでよかった。僕は、僕のやるべきことをやるだけだ。走りながら、ゼーマンの言葉を頭のなかで復唱する。

「サイクリストは苦しむことが仕事だ」

これが僕の仕事なんだ。僕は働かなければいけない。

残り3ステージ。大量に飲み続けている痛み止めで胃腸が荒れ、食欲がまったくない。第7ステージ。目の前で落車が起き、僕は巻き込まれた。骨折した場所を強打し、動けなくなった。目の前が紫色になり、息が止まる。死ぬんじゃないかと思ったが、3分後にはバイクにまたがっていた。周囲には誰もいない。僕は誰もいない道をひとりで30分ほど走り、リタイアした。

しかし僕は、ルクセンブルクの時以上に前向きだった。メンタルが強くなっていることを確認できたから。

ヨーロッパに来て4年以上が経っていたが、科学トレーニングの導入でフィジカルが伸びていることを確認できたのは大きな収穫だった。さらにパワーウェイトレシオを伸ばせば、フレッシュ－ワロンヌでの上位入賞が見えてくる。

もっとも、そのことは今まで以上に苦しまなければいけないということを意味するのだけれど。

［7］プロコンチネンタルチームがツール・ド・フランスなどのグランツールに出場するためには、主催者からのワイルドカードが必要。

[8] 1982年～。オランダのレーサー。ヴァカンソレイユ所属。
[9] 1985年～。フランスのレーサー。ベルキン所属。
[10] 1985年～。ルクセンブルクのレーサー。2010年ツール・ド・フランス総合優勝。兄のフランク・シュレックも選手。トレック・ファクトリー・レーシング所属。
[11] 1975年～。ドイツの元レーサー。2004年・2006年ツール・ド・フランス総合2位。
[12] 1985年～。イギリスのレーサー。すべてのグランツールでポイント賞を獲得したスプリンター。2011年世界選手権優勝。オメガファーマ・クイックステップ所属。

スキル・シマノ・サイクリングスクール

ゼーマンのトレーニングメニューはどんどん進化していた。2010年のそれは、昨年のものよりも更に細かく、そして苦しくなっていた。特にこの年は、前年ツールに出たことで、最初からツールを意識していたせいかもしれない。

ゼーマンは、トレーナー同士の研究会みたいなものに顔を出しているらしかった。そこで情報交換をすることで、科学トレーニングの理論を進化させているようだった。この進化は、少なくとも2012年までは続いた。

僕はシーズンオフ中に簡単な出力テストを日本で行い、それをゼーマンに送ってある。彼はそのデータを基にトレーニングメニューを組んでいた。

メニューは選手が狙うレースによっても変わる。1月の合宿で、前のシーズンの「通信簿」みたいなものを渡されて、面談をする。どれだけのことをやり、どれだけのことができたか。それを踏まえてスケジュールを作り、そこから逆算してメニューを組む。この年の僕は、フレッシュ－ワロンヌとツールを目標にした。そうゼーマンに告げると、そのために足りないものを補うメニューを作ると言ってくれた。

レースの直前など、コンディションを上げなければいけない時のメニューに強烈なインターバルがあった。スプリントと3分のレストを10本繰り返すように指示が来る。パワーと時間も厳密に指定されている。それぞれの選手の全力に近いパワーが指定されていた。平地ではなく、上りでやる。意識が朦朧とするので、落車した時のダメージを減らすためらしかった。ゴール地点にゼーマンが立っているので、手抜きはできない。

これをやると、たいがいの選手は面白いように吐いた。それも何度も。僕も吐きまくった。それを見ていた優しいゼーマンは、次からゼリー状の補給食を大量に持ってくるようになった。あまり吐くとハンガーノックになり、トレーニングに差し支えるから、ということだった。

合宿では、こんなインターバルを何日も続ける。そのうち、脚の筋疲労が限界に達するのか、文字通り立っていられなくなる日が来る。そのタイミングでやってくるのが、休養日だった。自転車に乗ってはいけない。もし乗っても、60分まで。パワーは○○○wまでにしろ、と指示が来る。そして、その翌日からはまた地獄のインターバル。

ゼーマンのプログラムは本当によくできていた。選手は生かさず、殺さず。

シーズンが少し進むと、事務所に呼び出されてまた面接だ。通信簿は詳しくなっていて、トレーナーやマッサーからの僕の評判も採点されている。僕の評価は悪くなかったけれど、積極性が足りないのが欠点だとも言われた。たとえばゼーマンに電話したい時、2回かけて出なければ、僕はしばらく放っておくようにしていた。それが礼儀だと思ったから。30人以上の選手を抱えて忙しいはずだ。

ところが、これがいけないという。なんで出るまで電話しないんだ、ユキ。いや、それはリスペクトなんだ、と言っても受け入れてもらえない。お前はレース中も遠慮が多すぎる。この間のレースも、ケニーのボトルを取りに来る暇があったらアタックするべきだった。最近のデータを見ると、逃げ切れるだけのパワーが出ているじゃないか……。

こうやって、チームが強くなるにつれて選手の管理は厳しくなった。

僕たちはチームを「スキルシマノ・サイクリングスクール」と呼んでいた。

常識知らず

苦しんだだけあって、トレーニングの成果は大きかった。3月には、1分間のパワーウェイトレシオが11w／kgを超え、12w／kgに近づいていた。これは、ちょっとした数字だ。もし、1分間12w／kgのパワーを安定して出すことができれば、世界選手権の勝利さえ夢ではない。「今年のユイの坂が楽しみだ」とゼーマンが言っていた。

クリテリウム・インターナショナルでは、アームストロングやコンタドールと一緒に走った。アームストロングの、自転車選手とは思えない量の筋肉がなめらかにに連動してペダルを踏むのを、僕は彼の後ろで見ていた。ツールを7連覇する訳だ、と思った。

確かに僕は強くなった。しかし、まだまだ知らない世界がある。

その通りだった。

4月のツアー・オブ・ターキー。厳しい山岳コースが含まれる8日間のステージレースは、僕向きだ。僕は積極的に逃げることで、総合上位に食い込むことを狙っていた。ステージレースでもいい位置に入れることを証明したかった。しかしターキーはHC（超級）にランク付けされているレースだ。ブエルタで2年連続で山岳賞を獲っていたダヴィ・モンクティエ［13］（彼は結局、4年連続でブエルタの山岳賞を手に入れた）や、ジョヴァンニ・ヴィスコンティ［14］も狙ってくる。そう簡単にはいかないだろう。

第2ステージでは終盤の上りでアタックし、逃げ切りを狙ったが吸収される。第3ステージでは落車に巻き込まれて大きく遅れるが、続く第4ステージでは200km以上の逃げを成功させることができた。ステージ終了時点での暫定順位は総合6位。チームは僕の総合順位のために戦うことになった。HCのレースでの総合上位は、チームにとっても大きな価値を持つ。

第7、8ステージでは総合順位は動きそうにない。問題は、長く、きつい山岳のある第6ステージだ。

暫定総合1位のヴィスコンティを擁するISDが、僕を警戒していた。ジロでマリア・ローザを着たことがある男も、このレースを狙っているのが明らかだった。

一方の僕は、積極的に逃げることで、自分のペースで山岳をこなし、タイム差を守る作戦だった。ヴィスコンティも強いが、恐ろしいのはモンクティエだ。上りが異常に速い。ヴィスコンティに付いていくことができても、モンクティエには勝てそうになかった。それならば、先制攻撃だ。開始早々からアタックを繰り返す。

しかし、そのたびにISDのアシストが追いかけてくる。差が開かない。根負けした監督から、集団に戻るよう無線で指示が入った。体力を使うな。ヴィスコンティとモンクティエをマークしろ。

上りに入ると、案の定モンクティエがとんでもない勢いでアタックした。ヴィスコンティと僕もそれに反応する。プロ1年目のティジェイ・ヴァンガーデレン[15]も喰らいついてきた。

上りは苦しいが、距離が短いのが救いだった。短時間のパワーウェイトレシオには自信がある。モンクティエは少々手に余るが、ヴィスコンティとならば戦えた。ヴィスコンティも、モンクティエのアタックに苦しんでいる。

モンクティエがアタックするたびに、心臓が爆発しそうになる。脚も痛んできた。皆が、ドリンクではない色々なものを飲みだす。僕もカメラバイクに映らないよう注意しながら、〝ペイン・キラー〟を飲んだ。

最後の山岳を先頭グループのまま超えると、僕はほっとした。この後は平坦だ。アンドレ・グライペル[16]のステージ優勝を狙うＨＴＣ－コロンビアが追いかけてきている。集団スプリントになり、タイム差は付かないだろう。僕は先頭集団でゴールし、総合6位の順位を守りきった。

そのまま僕は、ツアー・オブ・ターキーを総合6位で終えた。ヴィスコンティ、ヴァンガーデレン、モンクティエが表彰台に乗るレースでの6位は、チームにとっても名誉だ。

しかし、監督は満足していないようだった。第4ステージでの僕の走りにちょっとした問題があったからだ。

第4ステージ。僕はヴィスコンティ、ヴァンガーデレン、モンクティエたちと逃げていた。最後はスプリントになり、4位。悪くない。しかしレース後、監督は僕を呼んで静かに言った。

「ユキ、どうして4位なんだ？　勝てたかもしれないステージだったのに」

「相手はヴィスコンティたちだ。そうもいかないよ」

「違う。自分が言いたいのはそういうことじゃない」

何のことかわからなかった。

「ユキ、今後のためにも覚えておけ。HCのステージの相場はせいぜい数千ユーロだ。交渉次第でもっと安くもなる。常識だぞ」

ショックはなかった。

ドーピングをしている選手が当たり前にいるんだから、八百長だってあるんだろう。皆人間なんだ。

けれど、やはりドーピングと同じで、その後このことについては変に詳しくなる機会はなかった。だから、僕が知っている相場はこのくらい。ただ、監督の口ぶりからして「価格設定」はなかなかしっかりしているようだった。レースのクラス別、「買い物」別に色々あるんだろう。

もちろん、こういう交渉は失敗に終わる場合も多いだろうから、ファンはあまり落胆する必要はない。こういうこともある、と知っていればいいんじゃないかな。そんな知識を持った上でレースを、たとえば2013年の世界選手権を見ると、また新しい見方ができるかもしれない。

それ以降はいまいちだった。チームは結局フレッシュ - ワロンヌにもツールにも出場できないことになり、士気が低下。総合10位には入れる、とゼーマンにけしかけられていた6月のツール・ド・ルクセンブルクでは直後のツールに向けて絞ってきたアームストロングやアンディが強く、総合25位。

世界戦の代表に選ばれたのはいいニュースだった。同じく選ばれたフミと幸也と、一番いけそうな奴を他の2人でアシストしよう、という話になった。正直いって僕はあのレースでは厳しかったからフミか幸也のアシストをしようと思っていたら、幸也は集団の後ろが好き、フミは先頭に行きたがる、ということで連携をとり辛くなってしまった。最後はフミが幸也を助けることができたみたいだけれど、幸也の9位はもの凄い。予想外だった。

気が付けば、6年目のヨーロッパが終わろうとしていた。

ある時、チームのミーティングで、若手にレースの走り方を教えるように言われてはっとした。

もう駆け出しじゃない。1クラスのレースですら、あっという間にちぎれていた僕が、HCのレースで上位を狙うようになっていた。

狩野さんも雅道さんも、もういない。野寺さんは引退し、廣瀬さんは宇都宮ブリッツェンを立ち上げていた。

6年の歳月は、僕をずいぶん遠くまで運んでいた。

[13] 1975年～。フランスの元レーサー。
[14] 1983年～。イタリアのレーサー。2013年ジロ・デ・イタリアステージ2勝。モビスター所属。
[15] 1988年～。アメリカのレーサー。ツール・ド・フランス2012新人賞。BMC・レーシングチーム所属。
[16] 1982年～。ドイツのレーサー。グランツールで多くのステージ優勝を飾っているスプリンター。オメガファーマロット所属。

第5章

ブエルタ・ア・エスパーニャ

日記嫌い

2010年頃から、僕はファンとの交流を増やすようにしていた。

たしか全日本選手権の時だったと思うけれど、ツイッターでチームメイトに「銭湯に行こうぜ」と言ったら、風呂場でファンに話しかけられてびっくりするということがあった。ツイッターを見て、わざわざ来たという。僕はそれまで、自分が見られているということをあまり意識していなかったから、驚き、嬉しかった。そして怖かった。

僕はそれ以降、ツイッターを使ってこまめにロードレースファンに呼びかけるようになった。飲み会の告知をすると、20人くらいはすぐに集まってくれる。

僕が見たロードレースの現場の話をすると、みんなが驚きながら聞いてくれる。僕にとっては当たり前の話のつもりだったのに、すべてが新鮮らしかった。日本にはあれだけたくさんの自転車雑誌もあるのに……。

その後気付いたのは、日本には本当の意味で自転車競技を知っている人はあまりいないということ。ツールなら見る、という人は多いけれど、ツールが終わったら自転車のことを忘れてしまう。面白いレースは他にもたくさんあるのに。僕はそんなファンたちに、ロードレースのリアルを伝えたくなった。

この競技には日本人がまだ知らない美しさがいっぱいある。日本のファンはマジメだ。表に出たホットな情報については大騒ぎする。けれど、すぐにそれを忘れてしまい、この複雑な競技の裏を読むことをしない。ドーピングに関する話題が典型だ。シューマッハの件を例外として、僕がドーピングスキャンダルで驚いたことはない。ヨーロッパのプロトンではありふれた話題でしかないから。でも、日本人はそのたびに大騒ぎする。ドーピングに関する質問も多くなったけれど、僕の答えはいつも「みんなやってますよ」。

これが僕の口癖になった。


もちろん、プロトンの全員がドーピングをしている訳ではまったくない。(僕もそうだけれど)違法薬物に手を出さずに走っている選手がほとんどだろう。しかし、この競技と薬物はもっと深いところで繋がっている。そして、多くの日本人はそれを知らない(または、見ても見ないふりをする)。これは困ったことだ。僕は情報発信に力を入れるようになった。ブログ、ツイッター、飲み会。

面白かったのは、関東と関西のファン気質の違いだ。関東の人は頭が固くて、なかなか冗談が通じないことがある。たとえば、ブエルタの話。レース期間中にもチーム全員でワインを飲んでいたよ、という話を僕がする（事実だけれど）。大阪の人は「自分、凄いなー」くらいの反応なのに、関東のファンには怒り出す人がいたりもする。「選手なのに酒を飲んでいいのか！」

すぐに打ち解ける関西のファンに比べ、関東のファンは厳しいことを言って僕を育ててくれる人も多い。だけど、そのピントがずれてしまってはもったいない。ロードレースはややこしいスポーツだ。表に出ている情報の裏を読まなければ……。

ブログを書く選手は少なくないけれど、ただの日記になっている場合が多い。それではつまらない、と僕は思っていた。当たり障りのないことを書いてもしょうがない。日本のファンが知らない情報を伝えられるように努力した。僕にとってブログは情報発信の場であって、日記じゃない。ただの日記じゃ、面白くない。

デイ・バイ・デイ

２０１１年は、１月の頭にはヨーロッパに飛んでいた。年々、日本で過ごす時間が短くなる。チームとトレーニングはどんどん進化していた。オランダ人とドイツ人に分かれる傾向が今まではあったけれど、チームメイトの国際化にともなってそれが消えた。日本人である僕には直接の影響はないけれど、6年前とはえらい違いだ。

ゼーマンの元で「サイエンティスト」とかいう男が働きはじめ、トレーニングに関するやりとりは彼と行うようになった。トレーニングデータ解析の専門家らしかったが、丸々と太り、もの凄いスピードでパソコンにデータを打ち込む様は、どう見てもスポーツ関係者という感じじゃない。しかし、僕らを管理する能力は一流だった。

トレーニングメニューのやりとりは毎日、デイ・バイ・デイになった。今までは週単位でまとめて来ていたメニューが、1日ごとに来る。そしてトレーニング後、僕がデータをサイエンティストに送る。すると彼はそのデータを解析し、翌日のメニューに反映させる。これを毎日繰り返す。メールに添付されてくるメニューやデータもさらに細かくなり、正直言って内容は僕にはちんぷんかんぷんだった。たとえば、心拍数1拍あたりのパワーの推移をグラフにしてあったが、ゼーマンはこれを何に使っていたんだろうか。

同時に、食事のコントロールもはじまった。「脂質は控えるように」とか「たんぱく質が大切だ」というような当たり前の指示ではなく、文字通り「コントロール」。僕は今日何を食べたかをトレーニングメニューと一緒に申告し、サイエンティストに送る。彼は僕のフィジカルデータとそれを照らし合わせて、食事の指示を出してくる。このコントロールも翌年にはさらに進化し、カロリーベースでの管理になった。いちいちエクセルの表に摂取カロリーを書き込んで送らなければいけない。

それでも、毎日は充実していた。春先にチームがパリ－ニースに選ばれなかったニュースを聞いた時も（これは、かなりの確率でツール落選をも意味する）、落胆しなかった。僕の最大の目標はフレッシュ－ワロンヌ。ユイの壁を20位以内で駆け上ることだ。

僕のパワーデータは、春先から景気のいい数値を叩き出していた。ゼーマンも「20位以内は間違いない」と太鼓判を押してくれた。

「あとはチームメイトを上手く使って、ユイまで脚を残すんだ」

僕のアシストとしての主な仕事は、エーススプリンターのケニーの後ろに入り、彼のスリップストリームを使おうとする他のスプリンターからケニーを守ることだった。この頃、僕らのトレインはプロトンでも大人気で、色々なチームや選手が「タダ乗り[1]」を狙っていた。それを防ぐ。

この年から、チームにマルセル・キッテル[2]というドイツ人が入ってきた。今をときめくトップスプリンターのキッテルも、その頃はまだTTスペシャリストにすぎなかった。彼はケニーの「最終発射台」、つまり、ゴール前で自らのスリップストリームからケニーを解き放つのが仕事だった。

僕たちのトレインは最強だったし、それが機能してケニーを勝たせられた時の喜びは、ちょっと、他に例えようもない。

僕は仕事を楽しんでいた。


［1］他のチームのスリップストリームを利用すること。

［2］1988年〜。ドイツのレーサー。2013年のツールでは区間4勝を挙げ、世界のトップスプリンターとなった。ジャイアント・シマノ所属。

ブエルタを狙う

東日本大震災のニュースはオランダの空港で知った。地震の影響で発生した津波の映像が繰り返し流れている。

すぐにわかった。高校時代、毎日走っていた僕の練習コースだ。地元の山形から海まで出て、福島県の相馬市で折り返すのがいつものルートだった。このオフにも、このあたりでトレーニングをしていた。道を空から見るのははじめてだった。いつも休憩のために立ち寄っていたコンビニが流されたことを後で知った。

必死で山形の両親に電話をかけ続けたけれど、繋がらない。東北にいる親戚のルートを使うことも考えたけれど、誰ひとりとして連絡がとれない。地元の友人も。3日ほど経った時、僕は両親のことは諦めてしまった。

震災の翌日からニースで合宿だった。チームの全員が僕に慰めのコメントをくれたと思う。しかし、突然の天災で両親と親戚を失った若者を慰める言葉があるだろうか。放っておいてほしかった。

結局、おとんとおかんの無事がわかったのは震災からちょうど10日後だったと思う。連絡が取れた時は、床に崩れ落ちそうになった。けれど、その頃にはもう、かなりの数の友人、知人が亡くなったことがわかっていた。


動揺していたんだと思う。フレッシュ－ワロンヌの3日前、ベルギーの「ブラバンツペイル」というレース。プロトンが街中を走っている時に激しく落車し、路面に膝を打ち付けた。なんとか走り出したが、ペダルを踏みこむたびに膝から下がもげそうに痛い。

膝蓋骨骨折だった。ここまでひどい落車は何年ぶりだろう。全治4カ月という診断だった。2カ月の間は、バイクに乗ることもできない。

すべてがパーになった。

治る頃には、シーズンはほとんど終わっている。日に日に筋肉が落ちていき、太ももは4cmも細くなった。冬から作り上げた肉体が台無しになってしまった。

この時、はじめてブエルタが具体的な目標として浮かんだ。コンディションを戻すには、短くても4カ月はかかる。ちょうどブエルタが開幕する頃だ。まだ日本人が走ったことのないグランツールを狙おう。

そう決めると、いてもたってもいられなくなり、病院のベッドからゼーマンに電話した。ブエルタに出るためのメニューを組んでもらうためだ。

しかし反応は悪い。

「チームドクターと相談してくれ」という答えだった。松葉杖をついている選手の相手をする暇はな

「ブラバンツペイル」で落車。膝蓋骨を折ってしまう

かったらしい。また、チームはスプリントによる勝利を狙いたい。小柄な僕はブエルタ向きとは言い難かった。それでも僕は、周囲にブエルタに出ると言い続けた。自分を追い込むためだ。

5月半ばに、ローラー台にならば乗ってもいいと許しが出た。細くなった脚でおそるおそるペダルを踏む。少しでも力を入れると激痛が走った。しかし6月には、外でサイクリングをできるくらいには回復してきた。

当然、パワーはまったく出ない。選手としてのパフォーマンスはゼロで、レース中の速度で走るのはまだ無理だった。しかし、回復は予想以上に順調だとチームドクターは言う。

僕はチームの首脳陣に会うたびに、ブエルタの話を出した。僕は最大の目標だったワロンヌもツールも失った。こうなった以上、自分が狙えるのはブエルタしかない。

ブエルタを走らせてくれ。

これは自分に向けた言葉でもあったと思う。彼らはケガ人に優しかったけれど、出場は難しいということだった。

ゼーマンにもしつこく訴えると、ブエルタ出場という目的から逆算したメニューを作ってくれた。セレクションに大きく影響するのが8月頭のブエルタ・ア・ブルゴス。それまでの1カ月で一気にパフォーマンスを戻すためには、7月いっぱいまでに5000km走らなければいけないという。

7月は苦しい毎日だったが、日に日にパフォーマンスは上がっていた。脚に筋肉が戻ってくるのを見るのが楽しかった。パワーも、復帰直後はアマチュアレーサー並みだったのが、どんどん上がる。

7月後半に、落車後3カ月ぶりのレース、ツール・ド・ワロニーに出場した。パフォーマンスはまだ戻っていない。ピークの70%程度だろうか。パワーも、どんな走り方をしても春先に比べると50wは低いのに、心拍数は上がりやすい。ケガの間に心肺機能が落ちたからだ。しかし、無事に完走。

そうして迎えたブエルタ・ア・ブルゴスでも、脚はよく回った。直後のブエルタ・ア・エスパーニャを狙うスペイン人選手たちのパフォーマンスが高く、毎日苦しかったが、ステージをこなすごとに調子は上がった。

短い上りが連続する第4ステージでは、サムエル・サンチェス［3］やダニエル・モレノ［4］が元気だった。最後の坂でホアキン・ロドリゲス［5］がアタックしたが、反応できた。サンチェスやガルゼッリたちと一緒に坂を駆け上がり、デニス・メンショフ［6］をぎりぎりでかわして9位でゴール。僕は、自分が仕上がりつつあることを感じた。

監督から電話があったのは、そのすぐ後だ。内容は事務的だった。

「ブエルタに行くぞ。体調管理をしておけ」

[3] 1978年〜。スペインのレーサー。北京オリンピック金メダリスト。2009年ブエルタ総合2位。

[4] 1981年〜。スペインのレーサー。2013年フレッシュ・ワロンヌ優勝。カチューシャ所属。

[5] 1979年〜。スペインのレーサー。2012年ジロ総合2位。2013年ツール総合3位。2013年世界選手権2位。

[6] 1978年〜。ロシアの元レーサー。2007年ブエルタ、2009年ジロ総合優勝。2010年にはツールで総合3位に入り、ロシア人としてはじめて表彰台に立った。

ブエルタ・ア・エスパーニャ2011

緊張している選手と、そうでない選手がいた。僕らはブエルタに来ていた。

グランツールでは、すべてが他のレースと違っていた。選手以外に、メカニック4人とマッサーが5人。監督が2人、ドクターが1人。そして広報とジェネラルマネージャーに彼の秘書が帯同した。

レース中はチームバスで移動する。キッチンとトイレ、シャワー2つが付いていて、レース後にはバスでシャワーを浴び、マッサーが茹でたパスタを食堂で食べる。チームバスが入れないような険しい山岳用に、キャンパーも1台用意されていた。

こんな大所帯でレースに臨むのははじめてだった。そして大勢の観客とメディア。初日のチームプレゼンではフラッシュの多さに目がくらんだけれど、メディア対応は広報の仕事なので勝手に取材に応じてはいけないときつく言い渡されていた。

いつの間にかバイクも特別仕様になっていた。

グランツールの経験がある選手は落ち着いていたが、はじめての選手はそわそわしていた。僕やキッテルがそう。

チームの戦略が全員にメールで送られてきていた。今回、我々は大きなプロジェクトを遂行するためにやってきた。それは、キッテルによるステージ勝利だ。そのための人選だ……。そして、一人ひとりが選ばれた理由が続く。僕は逃げを吸収するために、集団をコントロールするのが仕事だった。全体キャプテンはヨハネス・フレーリンガー[7]、平地でのキャプテンはロイ・カーヴァス[8]。エースはもちろんキッテルだ。

いよいよブエルタがはじまる。

第1ステージ

今日はTTT（チームタイムトライアル）だ。チーム全員で13.5kmを駆け抜ける。体重が軽い僕にとっては、もっとも苦手なジャンルだ。

得意な選手が長時間先頭を引き、そうでない選手が先頭に出る時間は短い。ペース配分はフレーリンガーから指示が来た。

ゆるい下りに、ヨーロッパ固有のロータリーが多くあった。ロータリーが近づくたびに、無線でチームカーから注意が飛んでくる。時速80km以上でロータリーに突入するのは緊張したが、僕はチームメイトを信じていた。ゴールまで2kmの地点で僕は先頭に立ち、500mを全力で引っ張ってからトレインを離れた。他のチームは落車も多かったが、うちは誰も転ばずに7位。悪くないスタートだ。

第2ステージ

ほぼ平坦基調のコース。チームはキッテルのグランツール初勝利を狙う。僕に対しては、逃げ集団を追うことに集中するように指示があった。

レースが後半に差し掛かると、スプリンターを擁するチームがプロトンをコントロールしはじめる。逃げ集団を捕まえるためだ。僕にも無線で、先頭を引くよう指示が入る。僕は先頭に出た。

200人近いプロトンを引っ張るのは、特別な経験だ。バイクカメラが僕を舐めるように映しているのがわかった。

タイム差が意外と縮まらない。スプリントを狙っているはずのＨＴＣ・ハイロード[9]やリクイガス・キャノンデール[10]は何をしているんだろうか。姿が見えない。僕は無線のボタンを押し、第一監督に他チームと交渉するよう頼んだ。

「了解……ちょっと待て、チャンネルツー」。チャンネルが切り替わると音声が途切れた。監督同士で話し合う時は僕たちに聞こえないように、チャンネルを変える。やがてチャンネルが戻った。

「今ＨＴＣに先頭交代を要請した。もうすぐベア

ト・グラブシュ［11］が上がってくるから、それまで頑張るんだ」

しばらくの間、シマノとＨＴＣ、そして上がってきたキャノンデールがプロトンをコントロールした。しかし、グラブシュのペースが少し速すぎる。もう少し逃げを泳がせた方がいい。

「Too early, easy !」と僕は叫び続けたけれど、彼のスピードは落ちない。このせいでＨＴＣのトレインは早めに崩壊し、カベンディッシュはアシストを失ってしまった。僕は逃げを吸収したタイミングで仕事を終え、後ろに下がった。結果は、キッテルが3位。優勝は遠くない。

ゴール後は、コーラを飲みながらチームバスまで帰る。バスの中でアミノ酸とビタミンを飲んだら、シャワーが空くのを待ちながらパスタを食べる。全員がシャワーを終えたらホテルへ。マッサーが準備をして待っている。

ミーティングは翌朝。あとは睡眠薬を飲んで眠るだけだ。レース中は、1日10時間の睡眠が必要だった。

第3ステージ

キッテルが山岳で遅れた。急遽、エースをサイモン・ゲシュケに交代したが、パンク。チームカーがそばにいなかったので、サイモンは僕のホイールを履いて走っていった。運のない1日だった。

スプリンターたちがグルペット[12]を作っている。グルペットは仲良しだ。「生きてるか?」なんて声を掛けてくる奴もいる。けれど、平地と下りはもの凄く速い。

それにしても、キッテルはいい奴だ。レース後、いちいちお礼を言いに来る。周りに気を使っているんだろう。

けれど、何かを秘めている感じもする。スプリンターにとっての、アシストの重要性を理解しているからこその行動かもしれない。

第6ステージ

今日はようやく逃げに乗れた。スタートからしばらくは逃げが決まらず、時速50km以上でのアタック合戦。僕を含む4人の選手の逃げが決まった頃には、70km以上走っていた。

しかし、テレビカメラはまだ上がってこない。放送開始までまだ時間があるということだ。番組スタートを待つ視聴者もイライラしているのかもしれないけれど、実は逃げている選手もそれは一緒。バイクカメラが来て、カメラが上がるとほっとした。

最大で8分以上の差をつけて、僕たちは逃げ続けた。たまに、タイム差を告げる無線が入る他は、静かだ。スペインの広い空の下を、淡々と走り続ける。頭が空っぽになる。そのうち、フェビアン・カンチェラーラ[13]がメイン集団を引きはじめたという情報が入った。世界一速い男との追いかけっこだ。若干の向かい風基調で僕らにとっては不利だが、逃げられるところまで逃げよう。

カンチェラーラのスピードは凄まじかった。8分以上あったタイム差が、あっと言う間に1分を切った。カンチェラーラは僕らよりも時速10km近く速いはずだ。

ゴールまで30kmを切ったあたりで、僕は集団に吸収された。

脚が痛むが、楽しかった。

もうブエルタの4分の1を終えてしまったのがちょっとさびしい。

第7ステージ

延々とプロトンを引く。今日の仕事は地味だ。逃げ集団とのタイム差が広がりすぎないようにコントロールをすること。ゴールまで10kmを切ったところで、監督から無線で仕事を終えていい旨指示が来た。

あとは後方で待機する。こうなったら、僕にできることは祈ることとくらいだ。スプリンターチームのトレインが、猛烈なスピードで僕を抜いていく。

スプリントがはじまった。無線が騒がしくなる。

監督が興奮し、無線が聞き取りにくくなった。これは……。


ついにキッテルが勝った。


集団コントロールに脚を使った甲斐があった。エースの勝利は僕の勝利でもある。彼の勝利を心から喜べるということは、僕はやはりアシスト向きの選手なんだろう。

夜にはシャンパンが空いた。皆で4、5本は飲んだだろうか。キッテルがかしこまってスピーチをした。

「みんなありがとう。今日の勝利はみんなのお蔭だ」

心からレースを楽しめている。


山岳に入ってからは、キッテルのお守《も》りが仕事になる。あれだけ平地で強いキッテルも上りはからっきしだめ。前で引くとちぎれてしまうので、後ろから見守りつつ、少しでもキッテルが楽になるように彼のぶんのボトルを持つ。マドリッドまで連れて行くのは難しいかもしれない。

山岳には観客がひしめいていて、僕たちにコーラを差し出してくる。脱水の心配は要らないが、受け取って飲むのは少し怖い。変なものが入っていたら大変だ。

休息日

休息日とはいえ、体のテンションを維持するために2時間程度バイクに乗る。脚を回すだけじゃなく、少し追い込む。それでも刺激は足りなかったみたいで、翌日苦しんだ。

辻啓カメラマンが差し入れを持ってきてくれる。「食べるラー油」、ご飯、ふりかけ。本当はダメなんだけれど、少しくらい息抜きをしてもいいだろう。

第12ステージ

今回はスプリンターが狙えるステージだが、キッテルには少し厳しそうな上りがある。集団のペースを、キッテルが付いてこられる程度にコントロールしなければいけない。序盤からプロトンの先頭に立ち、延々と引き続ける。

しかし、ダニエーレ・ベンナーティ[14]を勝たせたいレオパルド・トレック[15]が上りのたびにペースを上げる。キッテルは付いていけない。なんとかゴールまでは来たけれど、この日で帰ることになった。キッテルは「今日は勝てなくてごめん」と謝りながら去って行った。明日からは、クーン・デコルト[16]でスプリントを狙うか、逃げに乗るかだ。

今日勝ったのはピーター・サガン[17]。走りにキレがあって、バイクコントロールが上手い。センスが違う。

第15ステージ

今日はブエルタで一番きついステージじゃないだろうか。標高差1245mを12km強で上ってしまう「魔の山」アングリルがある。最大勾配は23%を超える。立ち止まってしまうと再発進も難しいほどの激坂だ。逃げようとアタックを繰り返したが、不発。プロトンの中で上ることにする。

アングリルはほとんど壁だ。多くの選手は真っす

ぐ上れず、蛇行している。僕と同じグルペットにペタッキがいた。観客に何かバカにするようなことを言われているのか、機嫌が悪い。冗談を言い、笑わせてみた。

食事は、基本的に毎日同じ。朝も夜も、エネルギーに変わりやすい炭水化物がメインだ。それに、タンパク質とビタミン類、つまり肉と野菜が加わる。

朝は山盛りのパスタに塩とオリーブオイル、チーズをかけて食べる。タンパク質は、スクランブルエッグ。さらに、素早くエネルギーに変わる糖分を摂るために、パンにジャムをたっぷり塗って食べる。コーヒーを飲んだら出発だ。

夜も、朝と同じように塩パスタを食べる。タンパク質は、焼いた肉か魚を一切れ。味はついていないので、適当に塩を振って食べた。牛肉・豚肉・魚、とローテーションが組まれている。サラダは、ただの山盛りの生野菜だ。これも調味はしていない。オリーブオイルとビネガーをふりかけて食べる。楽しむための食事じゃなく、走るための補給。ガソリンと

変わらない。一日8000キロカロリー近く消費するレースでは、食べることも選手としての仕事だ。食べられなくなったら、その選手はおしまいだ。

第20ステージ

最終日を目前にした朝。脚の猛烈な筋肉痛で目が覚めた。燃えるように痛い。脚全体を擦り傷が覆っているような筋肉痛だ。体重も落ちている。あれだけ食べているのに。疲労が溜まり、プロトンから会話が減ってくる。しかし、ここまで来れば、完走はほぼ間違いない。

僕はマドリッドを目前にして、さびしくなっていた。レースを楽しんでいたからだ。スペインの広い空と乾いた大地の下で過ごした3週間が名残惜しい。翌日のスタート・ゴール地点であるマドリッドまではバスで4時間かかった。車内では、大量のビールが消費された。

あと1日。

第21ステージ

翌日、総合150位でマドリッドにゴールした。日本人初の、そして僕にとってもはじめてのブエルタだった。毎日大量のパスタを食べ続けたのに、59kgあった体重は56kgまで落ちていた。

オフで帰った日本では、古い友人から見知らぬ人まで、実に多くの人から祝福される。グランツールを走るということの意味が、完走してはじめてわかった気がした。僕が気になっていたのは、テレビの向こうの人たちはどういう目でもって僕たちを見ていたのか、ということだったけれど、それは驚くほど単純なものだった。日本には情報がまったく届いていない。色々な人たちと酒を飲んだけれど、みんなレースの内幕を知りたがっていた。

どうやって日本にレースの情報を届けるかということが、新しく僕の関心事になっていった。

[7] 1985年～。ドイツのレーサー。2010年ジャパンカップ7位。ジャイアント・シマノ所属。
[8] 1979年～。ドイツのレーサー。ジャイアント・シマノ所属。
[9] アメリカに存在したチーム。有力なスプリンターを多く抱えていた。
[10] イタリアのチーム。オールラウンダーからスプリンターまでをバランスよく持つ強豪チーム。
[11] 1975年～。ドイツのレーサー。2008年世界選手権タイムトライアル優勝。オメガファーマ・クイックステップ所属。
[12] 山岳コースで、スプリンターなど山岳が苦手なレーサーたちがタイムアウトを防ぐためにまとまって走る、その集団のこと。

［13］1981年〜。スイスのレーサー。世界選手権タイムトライアルで5勝するなど、TTスペシャリストとして活躍。また、パリ‐ルーベで3勝するなど、クラシックレースでの勝利も多い。トレックファクトリーレーシング所属。

［14］1980年〜。イタリアのレーサー。すべてのグランツールで区間優勝の経験を持つスプリンター。ティンコフ・サクソバンク所属。

［15］アメリカのチーム。シュレック兄弟やカンチェラーラを擁した。

［16］1982年〜。オランダのレーサー。2004年U23パリ‐ルーベ優勝。ジャイアント・シマノ所属。

［17］1990年〜。スロバキアのレーサー。プロに転向した2010年から、パリ‐ニースでステージ2勝など台頭する。2012年・2013年ツールポイント賞獲得。

ツールへの切符

2012年は、ツールが最大の目標だった。昨年にブエルタを完走して、グランツールの味を覚えたのもあるのかもしれないが、自転車選手という仕事を選んだ以上、ツールに意識が向くのは自然なことだ。ヨーロッパに来て8年目。年齢的にも脂が乗りきっている。心身の準備は整っていた。

4月頭にはチームのツール出場が決まった。あとはチーム内のセレクションに残らなければいけない。スプリンターのキッテルをエースに据えるのはほぼ確定していたから、そのためのチームになるだろう。大柄で、パワーのある選手たちが選ばれるはずだ。小柄な僕にとっては不利だけれど、可能性は十分にある。

ツールのメンバーに選ばれるために大切なレースが4月にあった。全日本選手権だ。このレースに勝った選手は、ナショナルチャンピオンジャージを1年間着ることができる。ナショナルチャンピオンを抱えていることは、チームにとっても名誉になる。全日本で勝てるかどうかが、ツールへの切符を掴めるかどうかを左右すると、僕はにらんでいた。

そして、僕はまだ全日本選手権を勝ったことがなかった。僕は「日本一」の称号にはあまりこだわりはないほうだけれど、そろそろ……という気持ちがなかったというと嘘になる。ましてや、ツールへのセレクションに関わるならば、獲っておきたいタイトルだった。

全日本の舞台は岩手県八幡平。ゆるい勾配のあるコースを周回する。僕との相性はいい。春先から乗り込んでいたため、フィジカルの調子は良かった。フミは出ず、幸也は骨折の影響で本調子ではなかった。若干風邪気味だったのは誤算だったけれど、どんな展開でも勝てる自信はあったし、その通りになった。

レースは、ヨーロッパの感覚からすると楽だった。僕は落ち着いて集団内を走り、最後にできた小集団に加わり、同じように抜け出していた増田（成幸）［18］選手をスプリントで下して優勝した。平均のパワーは160w。そして、最後のスプリントで1200wを出しただけ。ヨーロッパのレースに比べると、かなり低い出力で走れていた。

勝った後は、どこへ行ってもシャンパンが空いた。日本でも、ヨーロッパでも。僕は勝ってからはじめてナショナルチャンピオンジャージの威力を理解した。レース後の1カ月、僕の周りで栓を抜かれたシャンパンの数は100本を下らないはずだ。この時ほど、酒に強い体に生んでくれた両親に感謝したことはない。

これならば、ツールのセレクションにも残れるだろう。僕のフィジカルは、年齢的にもピークに近かった。ナショナルチャンピオンジャージを着てツールを走った日本人はまだいない。最高の状態でナショナルチャンピオンジャージを着て、ツールを走る。

日本中のロードレーサーが思い描く夢が、僕の目の前まで来ていた。

順調に努力を重ね、最高の調子で自信を持って勝負に臨み、狙い通りの結果を出す。調子がいい時はこんなものだ。逆に、なにもかもが上手くいかないこともある。

良いことと悪いことは交互にやってくる。

［18］　1983年〜。宮城県出身。宇都宮ブリッツェンを経て、2013年はキャノンデールに所属。

タイムリミット

監督のルディから電話があったのは、6月11日だった。はっきりと覚えている。いつものことだけれど、口調は淡々としていた。

「今年のユキはいい走りをしているが、フィジカル的に、スプリンター中心の布陣を引くツールは厳しい。今回のセレクションには残らない」

ツールに出るのは簡単ではない。それはわかっていた。けれど、期待していたのも事実だ。ツールのメンバーに肉薄していたのは事実だろうと思う。ぎりぎりでチャンスを逃すことほど悔しいものはない。僕はいくつかのレースをキャンセルし、すぐに日本に帰った。アスリートも人間だ。努力が報われなかった時、それも薄皮一枚で逃した時に、モチベーションを維持するのは難しい。

こういう時は、僕は大阪に行くことにしていた。遊ぶ場所がたくさんあるし、愉快なファンがたくさんいる。僕は1カ月、ひたすらに飲んだくれた。自転車には、1日2時間程度しか乗らない。乗りたくもなかった。

行きつけの飲み屋をはしごし、夜はクラブへ。遅く起きたらラーメンでも食べて、また遊びに行く。

どこでも、浴びるように酒を飲んだ。

僕はお忍びで遊んでいるつもりだったけれど、情報はそれなりに漏れていたらしい。ツールの選考に漏れた全日本チャンピオンが酒浸りになっていることは、ちょっとしたゴシップになっていた、と後で聞いた。

しかし、僕の頭は連日のアルコールに酔いながらも、その一部は常に醒めていた。監督からの電話を切った瞬間に決めていたことがひとつあったからだ。

それは、僕に残された唯一のグランツール、ブエルタを目標にすること。

ブエルタを走れるまでコンディションを上げるために必要な日数は、だいたい1カ月だと睨んでいた。7月にはトレーニングを再開しなければいけない。だから、遊びまわるのもそれまで。具体的には、7月8日からはじまるアルプスでのキャンプの前夜までが「むちゃくちゃ期間」だと決めていた。そこが〝タイムリミット〟。それまでは、気が済むまで遊びまくる。

そして、その日が来れば別人になる。

ロードレーサーとしての日々は、徹底してストイックだ。だからこそ、こういう息抜きが必要なのかもしれない。この1カ月の間にフィジカルの力は相当落ちたけれど、精神的にはフレッシュになれた。1カ月もあれば、フィジカルを引き上げることはできる。

人間なんだから、嫌になることなんてしょっちゅうある。少し変わった点があるとすれば、決めたことは必ずやる、ということくらいだろうか。5時間走ると決めていた日は、寝坊しても5時間走る。インターバル8本を予定していた日が大雨だったら、ローラー台の上でやる。これは僕がヨーロッパで身に付けた習慣だった。ゼーマンのトレーニングメニューがガチガチに決まっていたこともあるんだろう。そして、決めたことを集中してこなすためには、リフレッシュが欠かせないことも知っていた。

飲んだくれた時間は、選手たちが道端にうずくまって吐きまくるような激しいインターバルを行う期間に、ふと表れるイージーライドの1日に似ていた。その日はパワーに上限が決められていて、ゆっくりサイクリングをすることしか許されない。それは、翌日から再びはじまる厳しいトレーニングのための準備期間だ。

ツイートのこと

7月17日、アルプスのキャンプの最中のことだった。フランク・シュレックがツールでドーピング陽性を出したというニュース［19］を見た。

驚きはまったくない。僕に限らず、プロトンの選手はみなそうだろう（メディアになんて言うかは別として）。この競技とドーピングは今も昔も深い関係にある。

僕は夕食を食べながらこんなツイートをして、寝た。

Yukihiro Doi@Yukihirodoi
フランクが。。。こんな辛い競技ドーピングなしであんな早く走るのは無理なんだってば〜〜〜（原文ママ）

翌朝、目覚めた僕はびっくりした。1000通近いダイレクト・メッセージが届いている。リプライも数えきれないくらい飛んできていた。ほとんどは、ツイートを非難する内容だった。

「今のプロトンはクリーンなはずだ、こんなツイートをするのは、ツールに出られなかった僻《ひが》みだろう……」

反論するのは簡単だった。僕が見聞きしたことを全部ぶちまければいい。あの選手も、あの選手もやっている。今でもドーピングはプロにとっては「常識」なんだ。けれど同時に、その頃の僕は日本のファンの極端な情報不足に気付いてもいた。特に、メディアのせいか、ドーピングに関する情報は日本にまったく入っていないらしかった。ある程度情報があれば、このツイートに目くじらを立てる人は少ないだろう。そういう条件で議論を繰り広げる自信はなかった。僕はツイートを削除して、謝った。

僕は今でも不思議に思っている。

日本のファンはどうして、ロードレーサーだけが聖人君子だと信じているんだろうか。スピード違反を犯したことがない人は少ないと思う。サービス残業がゼロの会社はどれだけあるだろう。処世のための嘘をついたことが、ただの一度もない人はいるんだろうか。少ないと思う。

それなのに、どうしてロードレーサーだけが清廉潔白な心を持っていると思えるのか。

ましてや、ヨーロッパのプロトンでは、薬物を使うことは「カルチャー」にすらなっている。そんな世界で〝勝ち〟だけを執拗に求められた時、選手は何を考えるか――。

あるいは、こうも思う。

グランツールのプロトンは、「どんぐりの背比べ」だ。皆、若い時に結果を出して、選別されてからプロになる。もちろん脚質の違いや、パワーの強い・弱いはあるけれど、プロトンには極端に強い選手も弱い選手もいない。弱ければプロにはなれないし、皆、いわば「トップアスリート」という規格品なのだ。ずっと1000wのパワーで走り続けられる奴はいない。そのせめぎ合いの中の微妙なところで争うのがプロの戦いだ。中にはずば抜けて強い選手もいるけれど、それは「例外」とは考えられないか。

アスリートも人間だ。

ある選手が、急に強くなったり、弱くなったりしたら、それは少しおかしいんじゃないか。僕もヨーロッパに行ってだいぶ強くなった。けれど、それは8年かけて少しずつフィジカルが向上した結果であって、1年でいきなり走れるようになったわけじゃない。一般的な仕事も同じじゃないだろうか？　昨日までダメ社員だった奴が、急にバリバリ働くようになれるだろうか？　アスリートも一緒だ。奇跡は起きないし、奇跡に見える現象の裏には、たいがい何かカラクリがある。

ファンは、僕らアスリートに奇跡を求める。

しかし、申し訳ないけれど、僕たちも同じ人間だ。期待どおりに奇跡を起こすことはできない。

最近の僕はむしろ、本当は奇跡なんていらないんじゃないか、とも思う。それは、奇跡に頼ることを必要としない、「規格品」同士の戦いが生んだドラマをたくさん見てきたから。ヨーロッパの8年間は、毎日が奇跡なしのドラマだった。その毎日を積み重ねた先に、たとえばブエルタや、そこでのエースの勝利がある。それは、どんな奇跡よりもドラマチックだと思う。奇跡を体験したことはないから断言はできないけれど……。

世の中に奇跡はないし、汚いことをする奴もいることはいる。それは一般人もアスリートも一緒だ。けれど、そんなリアルで一見平凡な毎日にこそ、ドラマが隠れている。そのことに気付くことが、幸せな大人になる手段なのかもしれない。

悪いことの後には、良い知らせがある。8月7日、また監督から電話があった。ブエルタへの出場が決まったということだった。

[19] 2012年のツールで、フランクの尿から利尿剤のキシパミドが検出された。後にフランクは1年間の出場停止処分を受ける。

ブエルタ・ア・エスパーニャ2012

チームの目標はシンプルだった。エースのスプリンター、ジョン・デゲンコルブにグランツール初優勝をもたらすこと。僕はそのためのトレインの1番手だった。ゴール前10kmくらいでトレインを作り、プロトンの先頭まで引っ張り上げる。

僕は、逃げることはほとんど考えなかった。逃げれば、逃げ切り勝利の可能性が生まれる。そうすれば、フミや幸也よりも先に、日本人初のグランツールステージ優勝という栄誉にあずかることができる。けれど、僕はそんなことよりもジョンを勝たせたかった。

エースの勝利は僕の勝利だから。

そして、ジョンは勝利にかなり近い状態にいた。

第1ステージ

チームタイムトライアル。

失敗だった。チームが噛み合っていない。こういう日もある。

第2ステージ

最初のスプリントステージ。チームは、ジョンを勝たせることに集中していた。誰も逃げに送り込まずに、スプリントに備える。

ゴールまで10kmほどを残して、逃げが吸収された。仕事の時間だ。時速60km近くまで速度が上がっているプロトンから飛び出し、チームのトレインを先頭まで連れて行く。

僕は、後ろにチームメイトがいることを確認するとギアをかけた。500w近いパワーで踏みまくる。色とりどりの選手たちをパスし、プロトンの先頭近くまでやってきた時、限界がきた。僕はトレインをチェリー・ウポンに託し、後ろに下がる。今さっき抜いた選手たちが、今度は僕を猛スピードで抜きさっていく。仕事を終えたアシストにできることは、祈ることくらいだ。今のジョンならば……。

歓声が上がった。ジョンが勝った。

僕は小さくガッツポーズをしながら、187位でゴールした。

第3ステージ

いきなり山岳コースが現れた。スプリントを狙ううちのチームにはあまり関係がないが、総合優勝を狙うコンタドールやクリス・フルーム[20]はそわそわしている。僕はずっとコンタドールの後ろに位置して、彼が飛ぶようにアタックするのを見た。

第5ステージ

2ステージをはさんで、ジョンが早くも2勝目を挙げた。チームにも僕にももう、一勝目のような驚きはない。チームの雰囲気も変わってきている。

プロトンの速度は前回よりも速い。僕はゴール前10km付近からトレインを引きはじめたが、その時点で速度は時速60kmを超えていた。僕は3km以上もがき、なんとかプロトンの前方にうちのトレインを引っ張り上げる。離脱する瞬間の速度は時速70kmを超えた。僕をパスしていくチームの美しいトレインを見た時、僕はジョンの勝利を確信した。

第7ステージ

今日は逃げた面子が少し強力だった。あまりタイム差を広げたくない。僕たちは早めに集団の先頭に出て、コントロールを開始する。

他のチームが協力的ではなくなってきた。勝ち続けると、こういうことも起こる。ゴールまでかなりの距離を残して逃げ集団をキャッチすると、僕はいったんプロトンの中に潜った。最後のリードアウトのために、体力を回復する必要がある。

ゴールまで10kmを切ると、トレインを作るよう指示が来た。そこから残り5kmまでは、僕がトレインをコントロールしなければならない。チームは運命共同体だ。他のチームの選手とぶつかり合いながら、前に出る。僕が転べば、後ろのチームメイトも全員転び、チームにとってのブエルタが終わってしまう。

緊張感が心地よかった。

そして、ジョンが3勝目を挙げた。

いつも、仕事を終えると両脚の強烈な痛みに気付く。ハードだがやり甲斐のある仕事だ。

第10ステージ

毎日が楽しい。もう、ブエルタの平坦ステージは僕らのものだ。ジョンが4勝目を挙げた。負ける気がしない。

ヴァカンソレイユ［21］が、いちいち嫌がらせのアタックをしてくる。どうも、GM同士も仲が悪いらしいが、関係ない。僕はいつものように、リードアウトの一番手を務め上げた。

僕が逃げるところを見たい、というメッセージが日本からたくさん来た。申し訳ないけれど、僕にはそのつもりはなかった。絶好調のエースを抱えながら、逃げで無駄な体力を使う理由はない。逃げは、フミや幸也に任せよう。

このスポーツは本質的にチーム競技だ。自分の仕事でエースが勝つ。その喜びは個人でのステージ優勝にも匹敵する。それを日本のファンにどういう言葉で伝えればいいんだろうか。消防士が仲間と協力して、たったひとりのけが人も出さずに超高層ビルの火災を消し止める。その時の気持ちに近いかもしれない。

ブエルタらしい厳しいコースが続いているが、いい感じで走れている。

第13ステージ

逃げグループが極めて強い。僕たちのチームは警戒を強め、僕を含む3人にプロトンの先頭に出て、逃げグループを捉えるように指示が来た。

4勝もすると、どのチームも協力してくれない。200人のプロトンをたった3人で引っ張ることになった。4時間近くを、時速40km以上で走り続ける。3時間50分走り、平均パワーは314w。

しかし、もう一歩の所で逃げ切りを許してしまった。次こそは。

ブエルタの山岳は厳しい。たぶんグランツールで一番だろう。ジョンを助けつつ、沿道の観客の声援に感動しながら走り続ける。ゴールのマドリッドが見えてきているが、まだまだジョンを勝たせたい。

第16ステージ

超級山岳がある。筋肉質なジョンはお休みだが、逃げの指示が出た。

早速、序盤から800wくらいでアタックを繰り返すが、うまくいかない。早めに諦めてグルペットに入り、上りに苦しむジョンのそばに戻ることにする。ボトルを代わりに持ったり、励ましたりしていると、ジョンがすまなそうな顔をしていた。本来、リードアウトよりも山岳向きの選手である僕にとって、今日は逃げのチャンスであることを知っているからだ。

上りでは、色々な選手と話しながら走る。もうブエルタがはじまって2週間以上になる。他チームとも、連帯感が出てくるのがグランツールの面白いところだ。

下りは速い。この日の最高速度は時速121kmだった。この速度になると、何も聞こえなくなるので視覚に意識を集中しなければいけない。ところが、風圧で呼吸できないので、息をする時は下を向く必要もある。息継ぎをしている間に、前の選手が転んだりしないよう祈る。流石にこの速度で落車することは、考えたくない。

第17ステージ

また山岳コース。スタート前に、ジョンが話しかけてきた。スプリンターらしく気性が荒く、失敗すると怒鳴りつけてくるようなジョンだけれど、ここ数日、妙に僕のことを気にかけている。

「ユキ、いつも自分のために働いてくれるのは嬉しいけれど、せっかくの山岳だから、今日はユキ自身のために走ってくれないか？　リードアウトばかりじゃテレビにも映らないだろう？　俺は大丈夫だから、アタックしてほしい。頼むよ」

ジョンからこんなお願いをされたのははじめてだ。僕は笑いながら断った。

マドリッドが目の前だ。ジョンにチャンスがあるステージはいくつかあったが、勝ち損ねた。ジョンならまだ勝てるはずだ。マドリッドステージでは絶対に勝たせたい。

プロトンの親密度がだんだん増してきていた。上りで長話をしたリッチー・ポルト［22］はいい奴だった。エースのフルームの調子は悪いらしいが、ポルトの機嫌はいい。付き合っている女の子が日本好きで、たまに2人で日本旅行をしているらしい。大阪に行ったこともあるというので、簡単な観光案内をしておいた。

第19ステージを勝ったレディオシャックのスプリンター、ベンナーティはジョンのライバルだけど、関係はいい。おめでとうと伝えると、素直に喜んでいた。今年のブエルタで2勝したジルベールも、強いのにフレンドリーだ。彼とは昔からよく話をした。他にも多くの選手たちとおしゃべりをする。

チーム内の雰囲気もよかったが、中国人のジ・チェン［23］が疲弊しているのが心配だった。完走できるよう、僕は彼に色々なアドバイスをする。

かつて、シューマッハやポールが僕にしてくれたように。

その後も山岳が続く。体はすでにぼろぼろだけれど、心身ともに充実している。

今年のブエルタも残り少し。
全員でマドリッドに帰ろう。

第21ステージ

最終日。そして最後のスプリントステージだ。ジョンに勝たせて、最高の形でブエルタを終えよう。レース前に、全員で円陣を組んだ。

体がボロボロなのは、僕だけじゃないはずだ。全身が筋肉痛だ。体重も落ち、体は骨と皮だけになっている。ハンドルを握り続けた手は豆だらけ。痛みを抑えて眠るために、途中からは睡眠薬に世話になりっぱなしだった。

プロトンの雰囲気は明るい。機嫌のいいジルベールが話しかけてきた。

「今年はずいぶんプロトンを引っ張っていたけど、今日も仕事かい？」

勝てなかったフルームとも言葉を交わす。彼はリスペクトに値する走りをした。グランツールを勝つ日は近いだろう。

マドリッドの周回コースに入ると、最後の仕事がはじまる。いつものようにトレインを引き連れて先頭まで上がる。プロトンは、総合優勝を確定させたコンタドールがいるサクソバンクがコントロールしていた。リーダージャージを着たコンタドールが見える。

彼の所まで上がっていくと、僕に気付いたコンタドールがスペースを空けた。入っていいよ、ということだ。グランツールを5回勝った、最強の男が譲ってくれる。

僕は、3週間を走りぬいたプロトンの全体が、強い絆で結ばれているのを感じた。山もあれば、暴風が吹きつける荒野もある。雨の日もあったし、アスファルトが溶けるような猛暑もあった。どの選手も、大きな仕事を終えたいい顔をしている。プロトンは皆がライバルだが、同時に、ひとつのゴールを目指す200人の仲間でもある。

これほど美しいスポーツが他にあるだろうか。

僕はこのスポーツに出会えたことに感謝していた。もしロードレースがなければ、僕はごく普通の、平凡な若者として日本で暮らしていたに違いない。僕をグランツールという、ひとつの頂点まで連れてきてくれたのはロードレースだ。

周回を重ねるごとに、最後のゴールに向かって突き進むプロトンの速度が増していく。

最終周回に入ったところで、僕はトレインを離れた。全身が粉々になりそうだった。間もなく、無線から絶叫が聞こえる——。

ジョンが勝った。

僕はグランツールでステージ5勝したチームの一員としてマドリッドにゴールした。自然と涙が溢れてきた。

今の自分は、世界で一番幸せな人間だ。

[20] 1985年〜。イギリスのレーサー。2011年ブエルタ総合2位。2013年のツールではコンタドールらライバルを圧倒して総合優勝。チームスカイ所属。
[21] オランダに存在したチーム。
[22] 1985年〜。オーストラリアのレーサー。2013年パリ‐ニース総合優勝。
[23] 1987年〜。中国のレーサー。2012年ブエルタ第19ステージ敢闘賞。

第6章

敗北のない競技《レース》

その日は突然やってきた。2012年の世界戦の前日、チームは僕に、翌年の契約の更新がないことを告げた。

諦めざるを得なかった。選手の移動は、実力以外の要素も含めた複雑な力学で決まる。僕にはどうしようもないことだった。

最後に、家の片付けという大仕事が残っていた。ヨーロッパに来て、もう8年。たくさんの選手がやって来ては去って行った。

笑顔を絶やさない狩野さんには、ずいぶん助けられていたと思う。ヨーロッパに来たばかりの頃、辛いながらも楽しく走れたのは狩野さんのお蔭だ。今も一緒に走ることができて幸せだ。狩野さんはスーツケースをひとつ置いたまま日本に帰っていた。

意外と几帳面な野寺さんは、ひとつ残らず荷物を持ちかえっていた。一緒に走ったレースは少なかったけれど、ずいぶん若い僕を甘やかしてくれた。車好きの品川さんは、石畳を走るのが上手かった。チームカーでラリーごっこをして、監督に怒られたのもだいぶ昔の話だ。

ベッドを片付けていると、マットに書かれた「ひろせ！」という字が目に入った。廣瀬さんの仕業だ。私物ではないのだけれど……。宇都宮ブリッツェンの話ばかりしていた廣瀬さんは、宇都宮の地で夢をかなえた。

雅道さんの残したものもあった。僕は雅道さんに憧れてシマノに入ったのに、素直に憧れ続けることができなかった。いずれ、謝りたいと思う。

皆と出会えたのも、この競技のお蔭だ。ロードレースと、そこで知り合った人たちには感謝の気持ちしかない。

集めた荷物をすべて捨てると、僕はその足で空港に向かった。

もう、戻ってくることはないだろう。

8年ぶりの日本

2012年の終わり、僕は日本に戻った。8年ぶりだ。

ヨーロッパにいる間も日本のレースを走ることはあったけれど、すぐにヨーロッパにとんぼ返りするのが普通だった。8年間の間になにが、どう変わっただろう。

結論から言えば、あまり変わっていない。自転車ブームとはなんなのだろうか。

まず、観客がいない。和歌山県でやったJプロツアー[1]第2戦のタイムトライアルでは、表彰式に2、3人しかお客さんがいなかった。こういう状況は知ってはいたけれど、実際目の当たりにすると衝撃は大きい。日本の選手たちは何をモチベーションにして走っているんだろうか。

プロスポーツは、人に見せてはじめて価値が生まれる。観客がいないということは、日本のロードレースには価値がないと言われているのと同じことだ。

価値を生んでいないということは、当然、選手の待遇も悪いということだ。若手選手の月収は1万円から3万円程度が相場。ゼロ円というチームもある。ベテラン選手でも、年俸はせいぜい500万円くらいだろう。もっとも、こんなに貰っている選手はプロトンの1割にも満たないはずだ。多くの選手は、アルバイトをしながら走っている。トップチームであるシマノでも、僕が1年目にもらった年俸は240万円だった。

これをプロスポーツと呼べるだろうか――。

僕はそうは思わない。

応援する人もいなくて、お金も貰えない。Jプロツアーの優勝賞金は、1レースあたり3万円。これをチーム全員で山分けする。チェーンの居酒屋ならば、一回くらいは飲みに行けるかもしれない。

日本のプロトンは、ヨーロッパの、逃げを見送った後のプロトンによく似ている。速度を落として皆が談笑する。これがスタートからゴールまで続く。無理もないと思う。観客の数が100倍になれば、あるいは賞金が100倍になれば目の色を変える選手も増えるだろう。
だけど、数千円の賞金と、数十人の観客のために命を懸ける選手がどれだけいるだろうか。
選手を批判することはできない。

僕は日本の若手に、もし日本一になれないならば、自転車選手を辞めるように勧めている。厳しいようだが、フミや幸也くらいのフィジカルがなければ、選手を続ける理由はないと思う。もちろん、劣悪な環境の中でアルバイトをしながら努力を重ねる若者は美しいし、努力には価値があると思う。けれど、彼の10年後はどうなっているんだろうか。貯金も職歴もない、30過ぎの男がいるだけじゃないのか——。

光を見るとすれば、廣瀬さんが作った地域密着型チームの宇都宮ブリッツェンや、僕がいる片山右京さんのチーム［2］のような、新しいスタイルのチームだけだ。選手も、運営側も、すべてが変わらなければ価値は生まれない。

日本の自転車メディアにも問題はあると思う。あまりにも批判精神がない。ヨーロッパではメディアがドーピング疑惑を追及したり、問題のあるチームや選手を叩く光景はしょっちゅう見たけれど、日本にはそれがない。すべてが、ぬるま湯に浸かった仲良しクラブのようになってしまっている。

そのせいか、日本のファンは純真無垢だ。

ドーピング問題に対する反応が象徴的だと思う。毎日のようにドーピングスキャンダルを見ているヨーロッパのファンならば、いちいち騒ぐことはないだろう。けれど、日本のメディアにドーピングスキャンダルが現れることはほとんどない。

けれど、僕はその日本のファンが好きだ。毎日でも飲み会を開きたいくらい。

アスリートも人間だから、根は単純だ。応援されれば喜ぶし、攻撃されれば悲しくなる。

僕を育ててくれたファンに、僕は今、とても感謝している。

［1］日本各地で開催されるレースをまとめたポイント制度。年間20戦弱のレースを持ち、順位に応じたポイントが選手に与えられる。年間を通してもっとも多くのポイントを稼いだ選手が1位となる。

［2］元F1ドライバーの片山右京は、2012年にロードレースチームTeam UKYOを設立し、自ら監督の座に就いた。

夢の先

日本のファンがロードレースに何を求めているかは、僕もわかっているつもりだ。フランスやイタリアやスペインの美しい景色の中を駆け抜けるプロトン。信じられないパフォーマンスで、奇跡的な勝利を手に入れる選手。

ファンはそういう、日常から離れた綺麗な物語を見て希望を貰って、次の日の仕事に向かうんだと思う。多くのファンが元気を貰うためにレースを見ているんじゃないかな。

非現実的な夢物語ほど、ファンは喜ぶ。

それは、現実が綺麗じゃないせいかもしれない。会社じゃ嫌な上司にぺこぺこしなきゃいけないこともあるだろうし、ルールを破る奴も出てくるはずだ。レースを見ている間くらいはそんな汚い現実を忘れたい。それがスポーツというものなのかもしれない。

けれど、映像のこちら側にある現実は、実は夢物語じゃない。僕らの現実は、決して綺麗ではない。

どうしてアスリートだけが清廉潔白だと思われるのだろうか。

僕たちだって人間なのに——。

綺麗な話や夢物語は確かに感動的だし、希望を貰える。でも、それだけじゃリアルじゃない。そろそろ、その先にある現実を見てもいいんじゃないか。

ゴールまで1時間を切って縦に伸びはじめたプロトンの中で、何が起こっているのか。どうして急にパフォーマンスを上げる選手がいるのか。僕は、そういうことまで考えつつレースを見る。

影を見たくない気持ちは、正直言ってわかる。たとえば、ドーピングなんてない方がいいに決まっている。

でも、それがあることははっきりとしてしまった。ならば、より深く愛するためには、そこも含めてしっかりと見つめないといけないんじゃないだろうか。


好きな女の子を遠くから眺めているのは楽しい。でも、それだけでいいんだろうか？僕なら声をかけたいし、付き合いたいとも思う。そのうち、一緒に暮らすことになるかもしれない。

一緒に住むようになったら、どんなに綺麗な子でも、綺麗ごとじゃ済まなくなる。すっぴんの顔を見ることもあるだろうし、同じトイレを使わないといけない。幻滅することだってあるだろうし、ケンカだってする。

でも、それは深く愛することの代償だ。

僕はロードレースを愛し、プロとして一緒に生活するまでになった。10年以上にわたって、24時間、365日一緒だ。だから当然、綺麗じゃないものも沢山見てきた。でも僕は、ロードレースという、自分が心から愛するものをみんなにもっと知ってもらいたい。だから、綺麗ごとだけじゃない、その先にあるリアルなものを伝えたかった。

僕はちょっと喋りすぎただろうか。

それでもいい。

敗北のない競技《レース》

僕は、もうすぐ引退するだろう。

競技を続けるとしても、2016年のオリンピックまで。それでおしまい。

自転車業界に残るかどうかもわからない。もし、どこかに監督の口でも見つけたとしても、食っていくことは難しいだろう。自分が得たものを次世代に伝えたい気持ちは大きいけれど、それがどこで、誰になのかはわからない。

もし、自転車の世界を離れるならば、地元、山形に帰ろうと思う。高校卒業と同時に飛び出して以来、僕はずっと大阪やヨーロッパで暮らしてきた。ずいぶん建物も増えたと聞いている。そこで、僕を育んでくれた地元に恩返しをする。子供たちにスポーツを教えたり、やりたいことはたくさんある。


日本に帰ってきてから、昔付き合っていた人と話す機会が増えた。彼らの中には8年前の「土井雪広」が残っている。

僕は彼らを通して、昔の僕を見る。


サイクルロードレースは残酷な競技だ。200人が走り、ひとりだけが勝つ。99・5%の確率で負ける競技——。

僕はそれが嫌だった。0・5%に入りたかった。それが8年前の僕だ。


しかし、今は違う。僕は8年かけて理解した。

3週間かけて3000km以上を共に走ったプロトンの全員が勝者だということを。

敗北のない競技《レース》。
それがロードレースだった。

古い知人を通して見えてくる8年前の僕は、そんなことは知らずに、敵を作りながら走っていた。
彼らの中に昔の僕が残っているのを見ると、胸がちくりとする。

去年、雅道さんに挨拶をする機会があった。何年ぶりだろうか。僕は雅道さんに憧れてシマノに入り、すぐに険悪な仲になった。オランダで同じ家に暮らしながら、ひとことも口を利かないという、器用なことをしていた。その雅道さんが普通に挨拶を返してくれたのは嬉しかった。

30歳になった土井雪広が、8年前の「土井雪広」に言いたいことはたくさんある。
それは、僕がこの、辛くて美しい、人間臭いスポーツから8年をかけて得たものだ。

僕はプロトンという共同体にいたのだった。

そこでは選手たちが、複雑に繋がり合っている。雨も、風も、雪も、全員に分け隔てなく降り注ぐ。ひとりが転べば、大勢が巻き込まれる。全員で密集して走れば、だいぶ楽になる。時にはチームの垣根を越えて飲み物や食べ物を融通し合うこともあるし、ブエルタの最終日は200人で騒ぐお祭りみたいなものだった。


僕は時間をかけて、プロトンの中にいる自分を見い出した。

僕はその中で、人に助けられながら走っていた。

人を助ける喜びを知った時、僕はようやく、そのことに気付くことができた。


最近の僕は、日本の若者の普通の生活というものが気になっている。

30年の人生のほとんどを自転車競技に捧げてきた僕は、普通の生活というものを知らない。朝起きたら大量のシリアルを食べ、インターバルの苦しさに食べたものを吐きながら200kmを走り、そのデータを記録する。毎日体重を計り、体脂肪率は一桁を維持し、揚げ物の衣ははがして食べる。レースになれば、安ホテルを転々とする生活。

山盛りのパスタ、徹底して管理された毎日、時速100kmで下る山道──。

これがずっと、僕の日常だった。

僕は最近、30歳になった。僕は、僕と同じ日本の30歳の男の、普通の生活というものを想像する。

朝起きて、決まった時間に電車に乗り、会社へ向かう。嫌な上司に小言を言われつつも仕事をこなし、くたくたになって家に帰ると、彼女や家族が迎えてくれる。カメラに囲まれることもない、地味で平凡な毎日。ドラマはないが、ささやかな幸せに満ちた生活。

彼はひとっ風呂浴びると、ビールを飲みながらテレビをつける。彼の趣味は、ロードレースを見ることだ。テレビの向こうには、色とりどりのジャージを着た選手たちで構成されたプロトン――。

その中のひとりが、他ならぬ僕だ。

僕は全身の痛みに耐えながら、エースの勝利のためにペダルを踏んでいる。

（了）

本書は２０１４年３月現在の情報に基づいて執筆・構成されています。

土井雪広（どい・ゆきひろ）

1983年山形県山形市生まれ。プロ・ロードレーサー。

2004年にシマノレーシングでプロ入り。2005年からはオランダのシマノ・メモリーコープ（当時）に所属し、主に欧州でレースに参戦。2011年、2012年にはツール・ド・フランス、ジロ・デ・イタリアと並ぶ「グランツール」である、ブエルタ・ア・エスパーニャを2年連続で完走。エースの勝利に貢献した。2014年の段階で、ブエルタを完走した唯一の日本人選手。

2012年全日本選手権優勝。2014年現在は、日本の「チーム右京」に所属している。

写真提供　土井雪広（p.011、p.022、p.102、p.104、p.150）
辻　啓（上記以外）

企画・構成　佐藤喬

編集　山本浩史（東京書籍）

ブックデザイン　松田行正＋山田和寛＋杉本聖士

敗北《はいぼく》のない競技《レース》
僕《ぼく》の見《み》たサイクルロードレース

2014年4月25日　第1刷発行

著者　土井雪広《どいゆきひろ》

発行者　川畑慈範
発行所　東京書籍株式会社
東京都北区堀船2-17-1 〒114-8524
電話　03-5390-7531（営業）　03-5390-7508（編集）

印刷・製本　株式会社リーブルテック

ISBN978-4-487-80827-4 C0095